語学研修、留学、インターーシップ、就職、創業 日本語会話
어학연수, 유학, 인턴십, 취업, 창업 일본어 회화

外食調理経営
日本語会話
외식조리경영 일본어 회화

어학연수
유학·인턴십
취업·창업

신길만 · 안효주 · 신 솔 공저

ß (주)백산출판사

　국제화 시대의 문화와 생활 정보의 교류 속에 기술, 인적, 문화적인 충족을 위하여 언어소통은 필수적인 요소가 되었다. 세계 속에 자기표현, 교류 협력, 기술의 습득 및 여행에 일본어의 필요성이 강조된다. 가깝고도 먼 나라 일본은 여러 방면으로 우리나라와 밀접한 관계를 맺고 있다. 따라서 일본여행, 교류 방문, 비즈니스, 기술 습득, 유학을 준비하는 데 필요한 생활 속의 일본어를 빠르게 습득하는 것이 좋다.

　일본어 회화를 알기 쉽고 간편하게 공부하기 위해 노력하는 분, 일상생활에 바쁘신 분, 혼자 공부하는 분들께 이 책을 권하고 싶다. 일본어 회화를 자연스럽게 습득할 수 있도록 발음을 표시하였으며, 해석내용을 달아 한눈에 보기 쉽도록 구성하였다. 언어는 입으로, 눈으로 자연스럽게 연습하고 익혀 습득하는 것이 가장 좋은 방법인 것 같다.

　현장에서 바로 사용하는 실무회화와 조리경영의 전문적인 내용을 간추려 구성하려고 노력하였다. 외식조리경영 전반에서 일본어를 습득하기 위해 공부를 시작하는 분들께 좋은 가이드 역할로 친구가 되길 바란다.

　본 서적의 내용으로는 挨拶(인사), 面接 準備(면접 준비), 数字の 表現(숫자의 표현), 色の 種類(색깔의 종류), 動物の 種類(동물의 종류), スポーツの 種類(스포츠의 종류), 病気の 種類(병의 종류), 調理 厨房(조리 주방), 調理の 過程(조리의 과정), 食品の 種類(식품의 종류), 肉の 種類(고기의 종류), 魚、水産物の 種類(생선, 수산물의 종류), 穀類の 種類(곡류의 종류),

野菜の 種類(야채의 종류), 果物の 種類(과일의 종류), ハーブと 香辛料
の 種類(허브와 향신료의 종류), チーズの 種類(치즈의 종류), 食べ物の
種類(음식의 종류), 飲み物 の 種類(음료의 종류), 厨房設備·洗浄·作業
機器の 種類(주방 설비·세정·작업기기의 종류), 味の 表現(맛의 표현),
日本料理(일본요리), 日本料理の 調理法(일본요리의 조리법), 日本料理
の 基本と 8つの 調理法(일본요리의 기본과 8가지의 조리법), 日本の 食
べ物 種類(일본의 음식 종류), 西洋 料理(서양 요리), メニュ(메뉴), ドレッ
シング, ソース, ハーブと 香辛料(드레싱, 소스, 허브와 향신료), 中国料理
(중국요리)의 내용으로 서술되었다.

　저자가 일본의 유학 생활을 통하여 실제로 표현되는 일상적인 필수 회화,
전공 분야를 가르치면서 꼭 필요한 전문 기술용어 중심으로 소통하고, 취업
할 수 있도록 생활 전반에 필요한 회화를 중심으로 서술한 내용이다.

　저자는 일본어 실무회화 중심으로 쉽고 알차게 구성하려고 노력하였으
나 여러 가지로 부족한 점이 많다고 생각한다.

　끝으로 본 서적 출판에 많은 도움을 주신 김포대학교 전홍건 이사장님,
김재복 총장님, 여러 교수님, 교직원 여러분께 진심으로 감사를 드립니다.

　(주)백산출판사 진욱상 사장님, 김호철 편집장 이하 직원 여러분께도 감
사를 드립니다.

　아울러 구성에 직접 도움을 주신 교정에 도움을 준 신욱, 신현우 님께도
감사를 드립니다.

2019년 11월
저자 일동

차례

일본어의 ひらがな(히라가나) カタカナ(가타카나) / 11

第1課 挨拶は 何が ありますか? / 17
아이사쯔와 나니가 아리마스카?
인사는 무엇이 있습니까?

第2課 面接 準備は 何が ありますか? / 27
멘세쯔 쥰비와 나니가 아리마스카?
면접 준비는 무엇이 있습니까?

第3課 数字の 表現は 何が ありますか? / 41
스우지노 효우겐와 나니가 아리마스카?
숫자의 표현은 무엇이 있습니까?

第4課 色の 種類は 何が ありますか? / 59
이로노 슈루이와 나니가 아리마스카?
색깔의 종류는 무엇이 있습니까?

第5課 動物の 種類は 何が ありますか? / 63
도우부쯔노 슈루이와 나니가 아리마스카?
동물의 종류는 무엇이 있습니까?

第6課 スポーツの 種類は 何が ありますか? / 67

스포–쯔노 슈루이와 나니가 아리마스카?

스포츠의 종류는 무엇이 있습니까?

第7課 病気の 種類は 何が ありますか? / 71

뵤우키노 슈루이와 나니가 아리마스카?

병의 종류는 무엇이 있습니까?

第8課 調理 厨房を 勉強しましょう。 / 79

죠우리 쥬우보우오 벤쿄우시마쇼우.

조리 주방을 공부합시다.

第9課 調理の 過程は 何が ありますか? / 85

죠우리노 카테이와 나니가 아리마스카?

조리의 과정은 무엇이 있습니까?

第10課 食品の 種類は 何が ありますか? / 93

쇼쿠힝노 슈루이와 나니가 아리마스카?

식품의 종류는 무엇이 있습니까?

第11課 肉の 種類は 何が ありますか? / 99

니쿠노 슈루이와 나니가 아리마스카?

고기의 종류는 무엇이 있습니까?

第12課 魚、水産物の 種類は 何が ありますか? / 105

사카나, 스이산부쯔노 슈루이와 나니가 아리마스카?

생선, 수산물의 종류는 무엇이 있습니까?

第13課 穀類の 種類は 何が ありますか? / 113

코쿠루이노 슈루이와 나니가 아리마스카?

곡류의 종류는 무엇이 있습니까?

第14課 野菜の 種類は 何が ありますか? / 117

야사이노 슈루이와 나니가 아리마스카?

야채의 종류는 무엇이 있습니까?

第15課 果物の 種類は 何が ありますか? / 123

쿠타모노노 슈루이와 나니가 아리마스카?

과일의 종류는 무엇이 있습니까?

第16課 ハーブと 香辛料の 種類は 何が ありますか? / 129

하ー브토 코우신료우노 슈루이와 나니가 아리마스카?

허브와 향신료의 종류는 무엇이 있습니까?

第17課 チーズの 種類は 何が ありますか? / 135

치즈노 슈루이와 나니가 아리마스카?

치즈의 종류는 무엇이 있습니까?

第18課 食べ物の 種類は 何が ありますか? / 143

다베모노노 슈루이와 나니가 아리마스카?

음식의 종류는 무엇이 있습니까?

第19課 飲み物 の 種類は 何が ありますか? / 147

노미모노노 슈루이와 나니가 아리마스카?

음료의 종류는 무엇이 있습니까?

第20課 厨房設備 · 洗浄 · 作業機器の種類は何がありますか? / 153
쥬우보우 세쯔비, 센조우, 사교우키키노 슈루이와 나니가 아리마스카?
주방 설비, 세정, 작업기기의 종류는 무엇이 있습니까?

第21課 味の 表現は 何が ありますか? / 173
아지노 효우겐와 나니가 아리마스카?
맛의 표현은 무엇이 있습니까?

第22課 日本料理を 勉強しましょう。/ 187
니혼료우리오 벤쿄우시마쇼우.
일본요리를 공부합시다.

第23課 日本料理の 調理法は 何が ありますか? / 201
니혼료우리노 죠우리호우와 나니가 아리마스카?
일본요리의 조리법은 무엇이 있습니까?

第24課 日本料理 基本と 8つの 調理法は なんですか? / 213
니혼료우리 키혼토 얏쯔노 죠우리호우와 난데스카?
일본요리 기본과 8개의 조리법은 무엇입니까?

第25課 日本の 食べ物 種類は 何が ありますか? / 231
니혼노 다베모노 슈루이와 나니가 아리마스카?
일본의 음식 종류는 무엇이 있습니까?

第26課 西洋 料理を 勉強しましょう。/ 243
세이요우 료우리오 벤쿄우시마쇼우.
서양 요리를 공부합시다.

第27課 メニューは 何ですか? / 253
메뉴-와 난데스카?
메뉴는 무엇입니까?

第28課 ドレッシング、ソース、ハーブと 香辛料は 何が ありますか? / 259
도렛신구, 소-스, 하-부토 코우신료우와 나니가 아리마스카?
드레싱, 소스, 허브와 향신료는 무엇이 있습니까?

第29課 中国料理を 勉強しましょう。 / 267
쥬우코쿠 료우리오 벤쿄우시마쇼우.
중국요리를 공부합시다.

■ 참고문헌 / 277

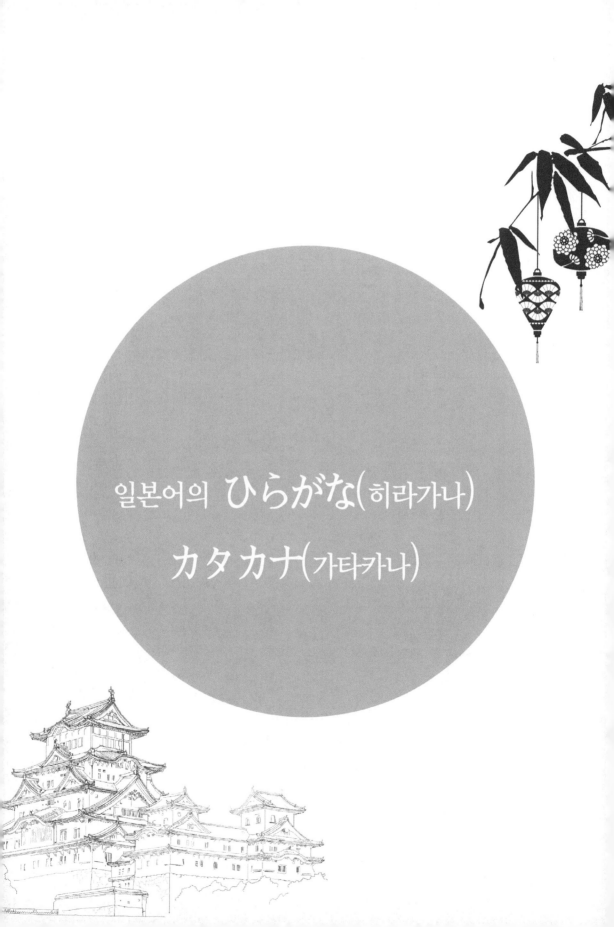

일본어의 ひらがな(히라가나)

カタカナ(가타카나)

│ 일본어의 ひらがな(히라가나) │

행 ＼ 단	1단 あ(아)단	2단 い(이)단	3단 う(우)단	4단 え(에)단	5단 お(오)단
あ (아)행	あ a(아)	い i(이)	う u(우)	え e(에)	お o(오)
か (카)행	か ka(카)	き ki(키)	く ku(쿠)	け ke(케)	こ ko(코)
さ (사)행	さ sa(사)	し shi(시)	す su(스)	せ se(세)	そ so(소)
た (타)행	た ta(타)	ち chi(치)	つ tsh(쯔)	て te(테)	と to(토)
な (나)행	な na(나)	に ni(니)	ぬ nu(누)	ね ne(네)	の no(노)
は (하)행	は ha(하)	ひ hi(히)	ふ hu(후)	へ he(헤)	ほ ho(호)
ま (마)행	ま ma(마)	み mi(미)	む mu(무)	め me(메)	も mo(모)
ら (라)행	ら ra(라)	り ri(리)	る ru(루)	れ re(레)	ろ ro(로)
や (야)행	や ya(야)		ゆ yu(유)		よ yo(요)
わ (와)행	わ wa(와)				を o(오)
ん n	ん n(은, 응)				

일본어의 로마자 표기 カタカナ(가타카나)

단 행	1단 ア(아)단	2단 イ(이)단	3단 ウ(우)단	4단 エ(에)단	5단 オ(오)단
ア (아)행	ア a(아)	イ i(이)	ウ u(우)	エ e(에)	オ o(오)
カ (카)행	カ ka(카)	キ ki(키)	ク ku(쿠)	ケ ke(케)	コ ko(코)
サ (사)행	サ sa(사)	シ shi(시)	ス su(스)	セ se(세)	ソ so(소)
タ (타)행	タ ta(타)	チ chi(치)	ツ tsu(쯔)	テ te(테)	ト to(토)
ナ (나)행	ナ na(나)	ニ ni(니)	ヌ nu(누)	ネ ne(네)	ノ no(노)
ハ (하)행	ハ ha(하)	ヒ hi(히)	フ hu(후)	ヘ he(헤)	ホ ho(호)
マ (마)행	マ ma(마)	ミ mi(미)	ム mu(무)	メ me(메)	モ mo(모)
ラ (라)행	ラ ra(라)	リ ri(리)	ル ru(루)	レ re(레)	ロ ro(로)
ヤ (야)행	ヤ ya(야)		ユ yu(유)		ヨ yo(요)
ワ (와)행	ワ wa(와)				ヲ o(오)
ン n	ン n(은, 응)				

탁음, 반탁음, ひらがな (히라가나) が行~ぱ行

행 \ 단	1단 が(가)단	2단 ぎ(기)단	3단 ぐ(구)단	4단 げ(게)단	5단 ご(고)단
が (가)행	が ga(가)	ぎ gi(기)	ぐ gu(그)	げ ge(게)	ご go(고)
ざ (자)행	ざ ja(자)	じ zi(지)	ず zu(즈)	ぜ ze(제)	ぞ zo(조)
だ (다)행	だ da(다)	ぢ ji(지)	づ ju(즈)	で de(데)	ど do(도)
ば (바)행	ば ba(바)	び bi(비)	ぶ bu(부)	べ be(베)	ぼ bo(보)

ぱ (파)행	ぱ pa(파)	ぴ pi(피)	ぷ pu(푸)	ぺ pe(페)	ぽ po(포)

탁음, 반탁음, カタカナ (가타카나) ガ行~パ行

행 \ 단	1단 ガ(가)단	2단 ギ(기)단	3단 グ(구)단	4단 ゲ(게)단	5단 ゴ(고)단
ガ (가)행	ガ ga(가)	ギ gi(기)	グ gu(그)	ゲ ge(게)	ゴ go(고)
ザ (자)행	ザ ja(자)	ジ zi(지)	ズ zu(즈)	ゼ ze(제)	ゾ zo(조)
ダ (다)행	ダ da(다)	ヂ ji(지)	ヅ ju(즈)	デ de(데)	ド do(도)
バ (바)행	バ ba(바)	ビ bi(비)	ブ bu(부)	ベ be(베)	ボ bo(보)

パ (파)행	パ pa(파)	ピ pi(피)	プ pu(푸)	ペ pe(페)	ポ po(포)

일본어의 요음 ひらがな(히라가나), カタカナ(가타카나)

(きゃ行~らゃ行、ぎゃ行~びゃ行、ぴゃ行)

きゃ	キャ	きゃ	キャ	きゅ	キュ	きょ	キョ
(캬)행		gya(캬)		gyu(큐)		gyo(쿄)	
ぎゃ	ギャ	ぎゃ	ギャ	ぎゅ	ギュ	ぎょ	ギョ
(갸)행		gya(갸)		gyu(규)		gyo(교)	
しゃ	シャ	しゃ	シャ	しゅ	シュ	しょ	ショ
(샤)행		sya(샤)		syu(슈)		syo(쇼)	
じゃ	ジャ	じゃ	ジャ	じゅ	ジュ	じょ	ジョ
(자)행		sya(자)		syu(주)		syo(조)	
ちゃ	チャ	ちゃ	チャ	ちゅ	チュ	ちょ	チョ
(다)행		zya(챠)		(쥬)zyu		(쵸)zyo	
にゃ	ニャ	にゃ	ニャ	にゅ	ニュ	にょ	ニョ
(냐)행		nya(냐)		nyu(뉴)		nyo(뇨)	
ひゃ	ヒャ	ひゃ	ヒャ	ひゅ	ヒュ	ひょ	ヒョ
(햐)행		hya(햐)		hyu(휴)		hyo(효)	
びゃ	ビャ	びゃ	ビャ	びゅ	ビュ	びょ	ビョ
(뱌)행		hya(뱌)		hyu(뷰)		hyo(뵤)	
ぴゃ	ピャ	ぴゃ	ピャ	ぴゅ	ピュ	ぴょ	ピョ
(퍄)행		hya(퍄)		hyu(퓨)		hyo(표)	
みゃ	ミャ	みゃ	ミャ	みゅ	ミュ	みょ	ミョ
(먀)행		mya(먀)		myu(뮤)		myo(묘)	
りゃ	リャ	りゃ	リャ	りゅ	リュ	りょ	リョ
(랴)행		rya(랴)		ryu(류)		ryo(료)	

第だい**1**課か

挨拶あいさつは 何なにが
ありますか?

아이사쯔와 나니가 아리마스카?

인사는 무엇이 있습니까?

第1課

挨拶は 何が ありますか?
아이사쯔와 나니가 아리마스카?

인사는 무엇이 있습니까?

---

1. 挨拶を しましょう。
아이사쯔오 시마쇼우.
인사를 합시다.

おはよう ございます。
오하요우 고자이마스.
안녕하세요(아침 인사).

こんにちは。
콘니찌와
안녕하세요(낮 인사).

こんばんは。
콘방와.
안녕하세요(저녁 인사).

2. 別れる 挨拶を しましょう。
와카레루 아이사쯔오 시마쇼우.
헤어질 때 인사를 합시다.

さようなら。
사요우나라.

> 안녕히 계십시오.

また あいましょう。
마다 아이마쇼우.

> 또 만나요.

きを つけて ください。
키오 쯔게데 쿠다사이.

> 조심해서 가세요.

おやすみなさい。
오야스미나사이.

> 안녕히 주무세요.

3. 初めて あいさつを して しましょう。
하지메데 아이사쯔오 시데 시마쇼우.

> 처음 만났을 때 인사를 합시다.

はじめまして。
하지메 마시데.

> 처음 뵙겠습니다.

おあいできて うれしいです。
오아이데기테 우레시이데스.

> 만나서 반갑습니다.

私の 名前は ギム(シン)○○です。
와타쿠시노 나마에와 기무(신)데스.

> 저의 이름은 김(신)○○입니다.

どうぞ よろしく おねがい します。
도우조 요로시쿠 오네카이 시마스.

> 잘 부탁합니다.

4. 健康を 聞いて みますか?

켄코우오 키이테 미마스카?

건강을 물어볼까요?

おけんきですか?

오겡키데스카?

건강하십니까?

おかげさまで おけんき(元気)です。

오카게사마데 오겡키데스.

덕택에 잘 지냈습니다.

おひさしぶりです。

오히사시부리데스.

오랜만이에요(오랜만입니다).

5. 朝の あいさつを して みましょう。

아사노 아이사쯔오 시테 미마쇼우.

아침 인사를 해봅시다.

ゆっくり おやすみ なさいましたか?

육쿠리 오야스미 나사이 마시다카?

네, 안녕히 주무셨어요?

いい 天気ですね。

이이 텐키데스네.

좋은 날씨네요.

よい 一日を 過ごして ください。

요이 이찌니찌오 스고시테 쿠다사이.

좋은 하루 보내세요.

6. **感謝の あいさつは どうしますか?**
   칸샤노 아이사쯔와 도우시마스카?
   감사의 인사는 어떻게 합니까?

   ありがとう ございます。
   아리가토우 고자이마스.
   감사합니다.

   ありがとう ございました。
   아리가토우 고자이마시타.
   감사했습니다.

   どういたしまして。
   도우이타시마시데.
   천만에요.

   おめでとう ございます。
   오메데토우 고자이마스.
   축하합니다.

   お誕生日 おめでとう ございます。
   오탄죠우비 오메데토우 고자이마스.
   생일 축하합니다.

7. **答えは どうしますか?**
   코타에와 도우시마스카?
   대답은 어떻게 합니까?

   はい、いいえ、です。
   하이, 이이에, 데스.
   네, 아니요, 입니다.

はい、そうです。

하이, 소우데스.

네, 그렇습니다.

いいえ、違います。

이이에, 찌카이마스.

아니요, 틀립니다.

はい、あります。

하이, 아리마스.

네, 있습니다.

いいえ、ありません。

이이에, 아리마센.

아니요, 없습니다.

わかりました。

와카리마시타.

알겠습니다.

よく わかりません。

요구 와카리마센.

잘 모르겠습니다.

8. 基本 会話を 習いましょう。

키혼 카이와오 나라이마쇼우.

기본회화를 배웁시다.

いただきます。

이타다키마스.

잘 먹겠습니다.

ごちそうさまでした。

고찌소우사마데시다.

잘 먹었습니다.

ようこそ いらっしゃいました。
요우코소 이랏샤이마시다.

잘 오셨습니다.

基本 会話
기혼 카이와

기본회화

どうも 도우모	どうぞ 도우조	よろしく 요로시쿠
고마워	**자, 먼저**	**잘**
ただいま 타다이마	おつかれさま 오쯔카레사마	すみません 스미마센
다녀왔습니다.	**수고했어요.**	**미안, 죄송, 감사합니다.**
ごめんなさい 고멘나사이	しつれいします 시쯔레이시마스	いくらですか? 이쿠라데스카?
미안합니다.	**실례합니다.**	**얼마입니까?**
どこに いますか? 도코니 이마스카?	少々 お待ちください 쇼우쇼우 오마찌쿠다사이	いってらっしゃい 잇테랏샤이
어디에 있습니까?	**잠깐만 기다려 주십시오.**	**다녀오십시오.**
教えて ください 오시에테 쿠다사이	いつですか? 이쯔데스카?	なにをしますか? 나니오 시마스카?
가르쳐 주십시오	**언제입니까?**	**무엇을 합니까?**
なぜですか? 나제 데스카?	手伝って ください 테쯔닷테 쿠다사이	助けて ください 타스케테 쿠다사이
왜입니까?	**도와주세요.**	**도와주세요.**
もう一度 言ってください 모우 이찌도 잇테 쿠다사이	やめて ください 야메테 쿠다사이	お願いします 오네가이시마스
다시 한 번 말씀해주세요.	**하지 마세요.**	**부탁합니다.**

お世話になりました 오세와니 나리마시타	どうですか? 도우데스카?	いかがですか? 이카가데스카?
신세 졌습니다	어떻습니까?	어떻습니까?
何ですか? 난데스카?	いつですか? 이쯔데스카?	どこですか? 도코데스카?
무엇입니까?	언제입니까?	어디입니까?
何時ですか? 난지 데스카?	まことに 마코토니	うそです 우소데스
몇 시입니까?	정말로	거짓입니다.
頑張って ください 간밧데 쿠타사이	ありがとう ございます 아리가토우 고자이마스	どういたしまして 도우이타시마시테
힘내세요.	감사합니다.	천만에요.

第2課
<small>だい</small> **2** <small>か</small>

面接 準備は 何が ありますか?
<small>めんせつ じゅんび なに</small>

멘세쯔 쥰비와 나니가 아리마스카?

면접 준비는 무엇이 있습니까?

第2課 _か

面接 準備は 何が ありますか?
멘세쯔 쥰비와 나니가 아리마스카?

면접 준비는 무엇이 있습니까?

---

1. 面接 準備は 何が ありますか?
멘세쯔 쥰비와 나니가 아리마스카?

면접 준비는 무엇이 있습니까?

1) 日本語が 第一 重要です。
니혼고가 다이이찌 쥬우요우데스.

일본어가 제일 중요합니다.

2) 就職は 誠実、積極性、推進力が 必要です。
슈우쇼쿠와 세이지쯔, 셋쿄쿠세이, 스이신료쿠가 히쯔요우데스.

취직은 성실, 적극성, 추진력이 필요합니다.

3) 専門的な 技術が 大切です。
센몬테키나 기쥬쯔가 타이세쯔데스.

전문적인 기술이 중요합니다.

2. 面接 質問は 何が ありますか?
멘세쯔 시쯔몬와 나니가 아리마스카?
면접 질문은 무엇이 있습니까?

1) 挨拶を します。
아이사쯔오 시마스.
인사를 합니다.

おはようございます。
오하요우 고자이마스.
안녕하세요(아침 인사).

こんにちは。
콘니찌와.
안녕하세요(낮 인사).

こんばんは。
콘방와.
안녕하세요(저녁 인사).

2) 自己 紹介を お願い します。
지코 쇼우카이오 오네카이 시마스.
자기소개를 부탁합니다.

自己 紹介を します。
지코 쇼우카이오 시마스.
자기소개를 하겠습니다.

はじめまして。
하지메마시데.
처음 뵙겠습니다.

わたしの 名前は シン（○○）です。
와타시노 나마에와 신（○○）데스.
저의 이름은 신（○○）입니다.

金浦（○○）大学校の ○○科 大学生 です。
킨포（○○）다이 갓코우노 ○○카 다이가쿠세이데스.
김포（○○）대학교 ○○과 대학생입니다.

ソウル大学校 소우루 다이캇고우	高麗大学校 코라이다이캇고우	京畿大学校 게이키다이캇고우
서울대학교	고려대학교	경기대학교
釜山大学校 부산다이캇고우	仁川大学校 인천다이캇고우	全南大学校 젠난다이캇고우
부산대학교	인천대학교	전남대학교

専攻は ○○です。
센코우와 ○○데스.
전공은 ○○입니다.

調理 죠우리	製菓製パン 세이카세빵	観光経営 관코우 게이에이	ビューティアート 뷰티아-토	ゲーム 게-무
조리	제과제빵	관광경영	뷰티아트	게임
電気 덴키	自動車 지도우샤	法学 호우가쿠	医学 이가쿠	外食 카이쇼쿠
전기	자동차	법학	의학	외식

生まれは ソウル(○○)です。

우마레와 서우루(○○)데스.

태어난 곳은 서울(○○)입니다.

趣味は 運動(○○)です。

슈미와 운도우(○○)데스.

취미는 운동(○○)입니다.

身長は ○○センチです。

신죠우와 ○○센찌데스.

키는 ○○ 센티입니다.

夢は ○○です。

유메와 ○○데스.

꿈은 ○○입니다.

専攻 中で 一番なのは ○○です。

센코우 나카데 이찌반나노와 ○○데스.

전공 중에 제일 잘하는 것은 ○○입니다.

一生 懸命に 頑張ります。

잇쇼우 켄메이니 간바리마스.

열심히 하겠습니다.

どうぞ、よろしく お願いします。

도우조, 요로시쿠 오네카이시마스.

잘 부탁합니다.

3) あなたは おいくつですか?

아나타와 오이쿠쯔데스카?

당신은 몇 살입니까?

はい、21(20)歳です。
하이, 니쥬우이찌(니쥬우) 사이데스.

네. 21(20)세입니다.

21歳	22歳	23歳	24歳	25歳
니쥬우 이찌사이	니쥬우 니사이	니쥬우 산사이	니쥬우 욘사이	니쥬우 고사이
26歳	27歳	28歳	30歳	40歳
니쥬우 로쿠사이	니쥬우 나나사이	니쥬우 하찌사이	산쥬우 사이	욘쥬우 사이

4) 日本語は どの くらい 話せますか?
니혼고와 도노 쿠라이 하나세마스카?

일본말을 어느 정도 할 수 있습니까?

はい、下手です。
하이, 헤타데스.

네, 서투릅니다.

はい、すこし 話せます。
하이, 스코시 하나세마스.

네, 조금 말할 수 있습니다.

はい、普通に 話します。
하이, 후쯔우니 하나시마스.

네, 보통으로 말합니다.

はい、とても 上手です。
하이, 도데모 죠우즈데스.

네, 아주 잘 합니다.

5) 会社の 支援 動機は 何ですか?

카이샤노 시엔 도우키와 난데스카?

회사의 지원 동기는 무엇입니까?

はい、私の 専攻に あうからです。

하이, 와타쿠시노 센코우니 아우카라데스.

네, 저의 전공에 맞기 때문입니다.

6) 学生 時代は どう 過ごしましたか?

가쿠세이 지다이와 도우 스고시마시타카?

학생 시절은 어떻게 보내셨는지요?

はい、一生 懸命に 勉強しました。

하이, 잇쇼우 켐메이니 벤쿄우시마시타.

네, 열심히 공부하였습니다.

はい、技術 向上に 努力しました。

하이, 기쥬쯔 코우죠우니 도료쿠시마시타.

네, 기술향상에 노력하였습니다.

7) 上手 技術は 何ですか?

죠유즈나 기쥬쯔와 난데스카?

잘하는 기술은 무엇입니까?

はい、○○ 技術です。

하이, ○○ 기쥬쯔데스.

네, ○○ 기술입니다.

8) 就職 したい 理由は 何ですか?

슈우쇼쿠 시타이 리유와 난데스카?

취직하고 싶은 이유는 무엇인지요?

はい、専攻と 合う からです。

하이, 센코우토 아우 카라데스.

네, 전공과 맞기 때문입니다.

はい、技術を 学ぶたい からです。

하이, 기쥬쯔오 마나부타이 카라 데스.

네, 기술을 배우고 싶어서입니다.

9) 健康は どうですか?

켄코우와 도우데스카

건강은 어떻습니까?

はい、とても けんこうです。

하이, 토테모 겐코우데스.

네, 아주 건강합니다.

10) 日本に 来た ことが ありますか?

니혼니 키타 코토가 아리마스카?

일본에 온 적이 있습니까?

いいえ、ありません。

이이에, 아리마셍.

아니요, 없습니다.

はい、一度 東京へ 行きました。

하이, 이찌도 토우쿄우헤 이키마시타.

네, 한 번 동경에 갔습니다.

はい、2~3回 旅行で 行きました。

하이, 니-산 카이 료코우데 이키마시타.

네, 2~3번 여행으로 갔습니다.

11) 趣味は 何ですか?

슈미와 난데스카?

취미는 무엇입니까?

はい、運動(○○)です。

하이, 운도우(○○)데스.

네, 운동(○○)입니다.

趣味

슈미

취미

読書	料理	サッカー	ダンス	ゲーム	ピアノ
도쿠쇼	료우리	삿카-	단스	게-무	피아노
독서	요리	축구	댄스	게임	피아노
映画観覧	囲碁	登山	釣り	旅行	ショッピング
에이가 칸란	이고	토잔	쯔리	료코우	쇼핑구
영화감상	바둑	등산	낚시	여행	쇼핑

12) 好きな 運動(スポーツ)は 何ですか?

스키나 운도우(스포-쯔)와 난데스카?

좋아하는 운동(스포츠)은 무엇입니까?

はい、サッカー(○○)です。

하이, 삿카-(○○)데스.

네, 축구(○○)입니다.

スポーツの 種類
스포-쯔노 슈루이
스포츠의 종류

野球 야큐우	卓球 탓큐우	サッカー 삿카-	テニス 테니스	水泳 스이에이	スキー 스키-
야구	탁구	축구	테니스	수영	스키
テコンド 테콘도우	剣道 켄도우	ボクシング 보쿠싱구	レスリング 레스린구	ボーリング 보-린구	ビリヤード 비리야-도
태권도	검도	복싱	레슬링	볼링	당구
マラソン 마라손	ラグビー 라구비-	ボート 보-토	バレーボール 바레-보루-	乗馬 죠우바	歩き 아루키
마라톤	럭비	보트	배구	승마	걷기

13) 身長は 何 センチですか?
신쬬우와 난 센찌데스카?
신장은 몇 센티입니까?

はい、160センチです。
하이, 햐쿠로쿠쥬우 센찌데스.
네, 160센티입니다.

155cm	156cm	157cm	158cm	161cm
햐쿠고쥬우고 센찌	햐쿠고쥬우로쿠 센찌	햐쿠고쥬우나나 센찌	햐쿠고쥬우하찌 센찌	햐쿠로쿠우이찌 센찌
162cm	165cm	168cm	170cm	175cm
햐쿠로쿠쥬우니 센찌	햐쿠로쿠쥬우고 센찌	햐쿠로쿠쥬우하찌센찌	햐쿠나나쥬우 센찌	햐쿠나나쥬우고 센찌
180cm	185cm			
햐쿠하찌쥬우 센찌	햐쿠하찌쥬우고 센찌			

14) 日本で 観光したい 場所は どこですか?
にほん　かんこう　　　ばしょ
니혼데 칸고우시타이 바쇼와 도코데스카?
일본에서 관광하고 싶은 장소는 어디입니까?

はい、東京 ディジニランド(○○)です。
とうきょう
하이, 토우쿄우디지니란도데스.
네, 동경 디즈니랜드(○○)입니다.

はい、東京 銀座です。
とうきょう　ぎんざ
하이, 토우쿄우 긴자데스.
네, 동경 긴자입니다.

ディジニランド	東京タワー	東京スリ	富士山	箱根	大阪城
디지니란도	토우쿄우타와	토우쿄우스리	후지산	하코네	오오사카조우
디즈니랜드	동경타워	동경스리	후지산	하코네	오사카성
奈良	鎌倉	鹿児島	沖縄	横浜	名古屋
나라	카마쿠라	카고시마	오키나와	요코하마	나고야
나라	가마쿠라	가고시마	오키나와	요코하마	나고야

15) 日本の 食べ物は 何が 好きですか?
にほん　　た　もの　　なに　　す
니혼노 다베모노와 나니가 스키데스카?
일본의 음식은 무엇을 좋아합니까?

はい、お寿司(○○)が 好きです。
すし　　　　　　す
하이, 오스시(○○)가 스키데스.
네, 초밥(○○)을 좋아합니다.

食べ物の 種類
다베모노노 종류

음식의 종류

寿司 스시	刺身 사시미	すきやき 스키야키	トンカツ 돈까스	燒き鳥 야키토리	しゃぶしゃぶ 샤부샤부
초밥	생선회	전골 요리	돈까스	꼬치구이	샤부샤부
ラーメン 라-멘	うどん 우동	おにぎり 오니기리	天ぷら 텐푸라	カレー 카레-	ドンブリ 돈부리
라면	우동	주먹밥	튀김	카레	덮밥

16) **あなたの 職業観は 何ですか?**
아나타노 슈우쇼쿠칸와 난데스카?

당신의 직업관은 무엇인지요?

はい、一生懸命 努力 することです。
하이, 잇쇼우 켄메이 토료쿠스루 코토데스.

네, 열심히 노력하는 것입니다.

はい、仲間 たちと 親しく することです。
하이, 나카마 타찌토 시타시쿠 스루 코토데스.

네, 동료들과 친하게 지내는 것입니다.

17) **最後に したい ことを 話して ください。**
사이고니 시타이 코토오 하나시테 쿠다사이.

끝으로 하고 싶은 이야기가 있으면 하세요.

おつかれ さまでした。
오쯔카레 사마데시타.

수고하셨습니다.

第3課

<ruby>第<rt>だい</rt></ruby>3<ruby>課<rt>か</rt></ruby>

<ruby>数字<rt>すうじ</rt></ruby>の <ruby>表現<rt>ひょうげん</rt></ruby>は <ruby>何<rt>なに</rt></ruby>が
ありますか?

스우지노 효우겐와 나니가 아리마스카?

숫자의 표현은 무엇이 있습니까?

第3課

数字の 表現は 何が ありますか?
_{すうじ} _{ひょうげん} _{なに}

스우지노 효우겐와 나니가 아리마스카?

숫자의 표현은 무엇이 있습니까?

1. れいから じゅうまで 何が ありますか?

레이카라 쥬우마데 나니가 아리마스카?

0부터 10까지 숫자는 무엇이 있습니까?

はい、れい、いち、に、さん、し、ご、ろく、しち、はち、きゅう、じゅうが
あります。

하이, 레이, 이찌, 니, 상, 시, 로쿠, 시찌, 하찌, 큐우, 쥬우가 아리마스.

네, 영, 일, 이, 삼, 사, 오, 육, 칠, 팔, 구, 십이 있습니다.

れい(0)	いち(一)	に(二)	さん(三)	し(四)	ご(五)
레이	이찌	니	상	시	고
영	일	이	삼	사	오

ろく(六)	しち(七)	はち(八)	きゅう(九)	じゅう(十)	じゅう いち
로쿠	시찌	하찌	큐우	쥬우	쥬우 이찌
육	칠	팔	구	십	십일

2. ひとつから とおまで 何(なに)が ありますか?

히토쯔카라 도오마데 나니가 아리마스카?

하나부터 열까지 무엇이 있습니까?

はい、ひとつ、ふたつ、みっつ、よっつ、いつつ、むっつ、ななつ、やっつ、ここのつ、とおが あります。

하이, 히토쯔, 후다쯔, 밋쯔, 욧쯔, 이쯔쯔, 뭇쯔, 나나쯔, 얏쯔, 코코노쯔, 도오가 아리마스.

네, 하나, 둘, 셋, 넷, 다섯, 여섯, 일곱, 여덟, 아홉, 열이 있습니다.

ひとつ 히토쯔	ふたつ 후타쯔	みっつ 밋쯔	よっつ 욧쯔	いつつ 이쯔쯔
하나	둘	셋	넷	다섯
むっつ 뭇쯔	ななつ 나나쯔	やっつ 얏쯔	ここのつ 코코노쯔	とお 도오
여섯	일곱	여덟	아홉	열

3. 十(じゅう)から 百(ひゃく)まで 何(なに)が ありますか?

쥬우카라 햐쿠마데 나니가 아리마스카?

십부터 백까지 무엇이 있습니까?

はい、十(じゅう)、二十(にじゅう)、三十(さんじゅう)、四十(よんじゅう)、五十(ごじゅう)、六十(ろくじゅう)、七十(ななじゅう)、八十(はちじゅう)、九十(きゅうじゅう)、百(ひゃく)が あります。

하이, 쥬우, 니쥬우, 산쥬우, 욘쥬우, 고쥬우 로쿠쥬우, 나나쥬우, 하찌쥬우, 큐우쥬우, 햐쿠가 아리마스.

네, 십, 이십, 삼십, 사십, 오십육십, 칠십, 팔십, 구십, 백이 있습니다.

十(じゅう) 쥬우	二十(にじゅう) 니쥬우	三十(さんじゅう) 산쥬우	四十(よんじゅう) 욘쥬우	五十(ごじゅう) 고쥬우
십	이십	삼십	사십	오십
六十(ろくじゅう) 로쿠쥬우	七十(ななじゅう) 나나쥬우	八十(はちじゅう) 하찌쥬우	九十(きゅうじゅう) 큐우쥬우	百(ひゃく) 햐쿠
육십	칠십	팔십	구십	백

4. 百から 千まで 何が ありますか?
하쿠카라 센마데 나니가 아리마스카?

백부터 천까지 무엇이 있습니까?

はい、百、二百、三百、四百、五百、六百、七百、八百、九百、千が あります。

하이, 햐쿠, 니햐쿠, 산뱌쿠, 욘햐쿠, 고햐쿠, 롯퍄쿠, 나나햐쿠, 핫퍄쿠, 큐우햐쿠, 센가 아리마스.

네, 백, 이백, 삼백, 사백, 오백, 육백, 칠백, 팔백, 구백, 천이 있습니다.

百	二百	三百	四百	五百
햐쿠	니햐쿠	산뱌쿠	욘햐쿠	고햐쿠
백	이백	삼백	사백	오백
六百	七百	八百	九百	千
롯퍄쿠	나나햐쿠	핫퍄쿠	큐우햐쿠	센
육백	칠백	팔백	구백	천

5. 千から 万まで 何が ありますか?
센카라 만마데 나니가 아리마스카?

천부터 만까지 무엇이 있습니까?

はい、千、二千、三千、四千、五千、六千、七千、八千、九千、一万が あります。

하이, 센, 니센, 산젠, 욘센, 고센, 로쿠센, 나나센, 핫센, 큐우센, 이찌만가 아리마스.

네, 천, 이천, 삼천, 사천, 오천, 육천, 칠천, 팔천, 구천, 일만이 있습니다.

6. 一万から 兆まで 何が ありますか?
이찌만카라 죠우마데 나니가 아리마스카?

만부터 조까지 무엇이 있습니까?

はい、一万、十万、二十万、三十万、四十万、五十万。

하이, 이찌만, 쥬우만, 니쥬우만, 산쥬우만, 욘쥬우만, 고쥬우만.

네, 일만, 십만, 이십만, 삼십만, 사십만, 오십만.

六十万、七十万、八十万、九十万、百万。

로쿠쥬우만, 나나쥬만, 하찌쥬만, 큐우쥬만, 햐쿠만.

육십만, 칠십만, 팔십만, 구십만, 백만.

百万、千万、億、兆 が あります。

햐쿠만, 센만, 오쿠, 죠우가 아리마스.

백만, 천만, 억, 조가 있습니다.

数字と 単位

수우지토 탄이

숫자와 단위

千	二千	三千	四千	五千
센	니센	산젠	욘센	고센
천	이천	삼천	사천	오천
六千	七千	八千	九千	-万
로쿠센	나나센	핫센	큐우센	이찌만
육천	칠천	팔천	구천	일만
十万	二十万	三十万	四十万	五十万
쥬우만	니쥬우만	산쥬우만	욘쥬우만	고쥬우만
십만	이십만	삼십만	사십만	오십만
六十万	七十万	八十万	九十万	百万
로쿠쥬우만	나나쥬만	하찌쥬만	큐우쥬만	햐쿠만
육십만	칠십만	팔십만	구십만	백만
千万	億	兆		
센만	오쿠	죠우		
천만	억	조		

7. 1時から 12時まで 話して ください。

이찌지카라 쥬우니지 마데 하나시테 쿠다사이.

1시부터 12시까지 말해 보세요.

はい、1時、2時、3時、4時、5時、6時、7時、8時、9時、10時、11時、12時です。

하이, 이찌지, 니지, 산지, 욘지, 고지, 로쿠지, 시치지, 하치지, 큐우지, 쥬우이찌지, 쥬우니지데스.

네, 1시, 2시, 3시, 4시, 5시, 6시, 7시, 8시, 9시, 10시, 11시, 12시입니다.

1時 이찌지	2時 니지	3時 산지	4時 욘지	5時 고지	6時 로쿠지
1시	2시	3시	4시	5시	6시
7時 시찌지	8時 하찌지	9時 큐우지	10時 쥬우지	11時 쥬우이찌지	12時 쥬우니지
7시	8시	9시	10시	11시	12시
10分 쥬우분	20分 니쥬우분	30分 산쥬우분	40分 욘쥬우분	50分 고쥬우분	60分 로쿠쥬우분
10분	20분	30분	40분	50분	60분

8. 貨幣は 何が ありますか?

카헤이와 나니가 아리마스카?

화폐는 무엇이 있습니까?

はい、韓国は ウォン、日本は 円、アメリカは ドル、中国は 元、ヨーロッパは ユーロが あります。

하이, 칸코쿠와 원, 니혼와 엔, 아메리카와 도루, 쥬우고쿠와 위엔, 요-롯파와 유-로가 아리마스.

한국은 원, 일본은 엔, 미국은 달러, 중국은 위안, 유럽은 유로가 있습니다.

貨幣
<ruby>貨幣<rt>かへい</rt></ruby>

카헤이

화폐

ウォン	円	ドル	元	ユーロ	ポンド	ルピー
원	엔	도루	위엔	유-로	폰트	루피
원(한국)	엔(일본)	달러(미국)	위안(중국)	유로(유럽)	파운드(영국)	루피(인도)

9. <ruby>日本<rt>にほん</rt></ruby>の <ruby>貨幣<rt>かへい</rt></ruby> <ruby>単位<rt>たんい</rt></ruby>は <ruby>何<rt>なに</rt></ruby>が ありますか?

니혼노 카헤이 탄이와 나니가 아리마스카?

일본 화폐 단위는 무엇이 있습니까?

はい、1円、5円、10円、50円、100円、500円、千円、5千円、一万円が あります。

하이, 이찌엔, 고엔, 쥬우엔, 고쥬우엔, 햐쿠엔, 고햐쿠엔, 센엔, 고센엔, 이찌만엔가 아리마스.

네, 1엔, 5엔, 10엔, 50엔, 100엔, 500엔, 천엔, 5천엔, 일만엔이 있습니다.

日本の 貨幣 単位
<ruby>日本<rt>にほん</rt></ruby>の <ruby>貨幣<rt>かへい</rt></ruby> <ruby>単位<rt>たんい</rt></ruby>

니혼노 카헤이 탄이

일본 화폐의 단위

一万円	5千円	千円	500円	100円	50円	10円	5円	1円
이찌만	고센엔	센엔	고햐쿠엔	햐쿠엔	고쥬엔	쥬우엔	고엔	이찌엔
일만	5천엔	천엔	오백엔	백엔	50엔	10엔	5엔	1엔

10. <ruby>計量<rt>けいりょう</rt></ruby>の <ruby>単位<rt>たんい</rt></ruby>は <ruby>何<rt>なに</rt></ruby>が ありますか?

케이료우노 탄이와 나니가 아리마스카?

계량 단위는 무엇이 있습니까?

はい、体積、重さ、数量、長さ、温度が あります。

하이, 타이세키, 오모사, 스우료우, 나가사, 온도가 아리마스.

네, 부피, 무게, 수량, 길이, 온도가 있습니다.

計量 単位

게이료우 탄이

계량 단위

体積	重さ	数量	長さ	温度
타이세키	오모사	스우료우	나가사	온도
부피	무게	수량	길이	온도

11. 体積は 物体が 空間を 占める 大きさです。

타이세키와 붓타이가 쿠우칸오 시메루 오오키사데스.

부피란 물체가 공간을 차지하는 크기입니다.

12. 重さの 測定 単位は グラム、オンス、パウンドが あります。

오모사노 소쿠테이 탄이와 그라무, 온스, 파운도가 아리마스.

무게의 측정단위는 그램, 온스, 파운드가 있습니다.

測定 単位

소쿠테이 탄이

측정단위

体積	重さ	数量	長さ	温度
타이세키	오모사	스우료우	나가사	온도
부피	무게	수량	길이	온도
空間 大きさ	グラム	オンス	パウンド	数値化
쿠우칸 오오사	그라무	온스	파운도	스우찌가
공간 크기	그램	온스	파운드	수치화

数字と 単位
수우지도 단어

숫자와 단위

千 센	二千 니센	三千 산젠	四千 욘센	五千 고센
천	이천	삼천	사천	오천
六千 로쿠센	七千 나나센	八千 핫센	九千 큐우센	一万 이찌만
육천	칠천	팔천	구천	일만
十万 쥬우만	二十万 니쥬우만	三万 산만	四十万 욘쥬우만	五十万 고쥬우만
십만	이십만	삼십만	사십만	오십만
六十万 로쿠쥬우만	七十万 나나쥬만	八十万 하찌쥬만	九十万 큐우쥬만	百万 햐쿠만
육십만	칠십만	팔십만	구십만	백만
千万 센만	億 오쿠	兆 죠우		
천만	억	조		

13. 固有 数詞 接続する 単位 名詞は 何が ありますか?
코유우 스우시 세쯔조쿠스루 탄이 메이시와 나니가 아리마스카?

고유 수사에 접속하는 단위명사는 무엇이 있습니까?

はい、単位 名詞は 冊、個、名、着、枚が あります。
하이, 탄이 메이시와 사쯔, 고, 메이, 쟈쿠, 마이가 아리마스.

단위명사는 권, 개, 명, 벌, 장이 있습니다.

固有 数詞 接続する 単位 名詞
코유우 스우시 세쯔조쿠스루 탄이 메이시

고유 수사에 접속하는 단위명사

~冊(本, ノート) ~사쯔(홍, 노-토)	~枚(写真, 名刺, はがき) ~마이(샤신, 메이시, 하가키)	~通(手紙, 書類) ~쯔우(데가미, 쇼류)
~ 권(책, 노트)	~ 장(사진, 명함, 엽서)	~ 통(편지, 서류)
~枚(ハンカチ, 紙) ~마이(항카찌, 카미)	~杯(茶, 酒, ユーヒー) ~바이(오챠, 사케, 코-히-)	~本(酒, ビール) ~봉(사케, 비-루)
~ 장(손수건, 종이)	~ 잔(차, 술, 커피)	~ 병(술, 맥주)
~ カップ(コップ) (牛乳, ジュース) ~카프(콥프)(큐우뉴우, 쥬-스)	~皿(料理) ~사라(료우리)	~時(時計) ~지(토케이)
~ 컵(우유, 쥬스)	~ 접시(요리)	~ 시(시계)
~時間 ~지칸	~ カ月 ~가게쯔	~歳(年齢) ~사이(넨레이)
~ 시간	~ 개월	~ 세(나이)
~種類(果物) ~슈루이(쿠다모노)	~匹(魚) ~피키(사카나)	~羽(鳥) ~와(도리)
~ 종류(과일)	~ 마리(생선)	~ 마리(새)
~頭(牛, 馬) ~토우(우시, 우마)	~房(ブドウ) ~보우(부도우)	~束(花束) ~타바(하나타바)
~ 마리(소, 말)	~ 송이(포도)	~ 다발(꽃다발)
~粒(米) ~쯔부(코메)	~錠(薬) ~죠우(쿠스리)	~軒(家) ~켄(이에)
~ 알(쌀)	~ 정(약)	~ 채(집)

~台(自転車) 自動車, テレビ ~다이(지덴샤, 지도우샤, 텔레비)	~隻(船) ~세키(후네)	~株(木) ~카부(기)
~대(자전거, 자동차, 텔레비전)	~척(배)	~그루(나무)
~箱(タバコ) ~하코(타바코)	~個(みかん, りんご) ~고(미캉, 링고)	~回(回数) ~카이(카이스우)
~갑(담배)	~개(귤, 사과)	~번(횟수)
~順序 ~준조	~種類(菓物) ~슈루이(쿠다모노)	~足(靴, 靴下) ~소쿠(쿠쯔, 쿠쯔시다)
~순서	~종류(과일)	~컬레(신발, 양말)
~着(洋服, 服) ~자쿠(요우후쿠, 후쿠)		
~벌(양복, 옷)		

14. 固有 数詞 接続する 単位 名詞の 表現は どうしますか?
코유우 스우시 세쯔조쿠스루 탄이 메이시노 효우겐와 도우시마스카?
고유 수사에 접속하는 단위명사의 표현은 어떻게 합니까?

はい、日本語の 本と 料理の 本が 一冊 あります。
하이, 니혼고노 혼토 료우리노 혼가 잇사쯔 아리마스.
네, 일본어책과 요리책이 한 권 있습니다.

りんごと みかんが 一つ あります。
린고토 미칸가 히토쯔 아리마스.
사과와 귤이 한 개 있습니다.

何人が 仕事しますか?

난닌가 시고토 시마스카?

몇 명이 일합니까?

実習服は 何着ですか?

짓슈우후쿠와 난챠쿠데스카?

실습복은 몇 벌입니까?

名刺 1枚、写真 1枚をください。

메이시 이찌마이, 샤신 이찌마이오 쿠다사이.

명함 1장, 사진 1장을 주십시오.

料理は 何 種類 作って いますか?

료우리와 난슈루이 쯔쿳테 이마스카?

요리는 몇 종류 만듭니까?

ビール、ワイン、焼酎は 何本 必要ですか?

비-루, 와인, 소우쥬우와 난봉 히쯔요우 데스카?

맥주, 와인, 소주는 몇 병 필요합니까?

コーヒー、お茶は 何杯ですか?

코-히-, 오차와 난 바이데스카?

커피, 차는 몇 잔입니까?

牛乳、ジュースは いくつ くらい 入れますか?

규우뉴우, 쥬-스와 이쿠쯔 쿠라이 이레마스카?

우유, 쥬스는 몇 컵을 넣습니까?

靴、じっしゅう靴は 何足ですか?

쿠쯔, 짓슈우쿠쯔와 난 소쿠데스카?

신발, 실습화는 몇 컬레입니까?

書類、履歴書は 何通 提出しますか?

쇼루이, 리레키쇼와 난쯔우 테이슈쯔시마스카?

서류 이력서는 몇 통 제출합니까?

順番は 何番ですか?

쥰방와 난반데스카?

저의 순서는 몇 번입니까?

何カ月間 働きまか?

난 카게쯔칸 하타라키마스카?

몇 개월 동안 부서에서 일합니까?

何時から 何時まで 仕事を しますか?

난지카라 난지마데 시고토오 시마스카?

몇 시부터 몇 시까지 일을 합니까?

勤務 時間は 何 時間ですか?

킨무 지칸와 난 지칸데스카?

근무시간은 몇 시간입니까?

船は 何隻 ありますか?

후네와 난세키 아리마스카?

배는 몇 척이 있습니까?

株式と 木は 何株 持って いますか?

카부시키토 키와 난카부 못테이마스카?

주식과 나무는 몇 주를 가지고 있습니까?

マグロ 2匹、サバ 3匹を ください。

마구로 니 히키, 사바 산 히키오 쿠다사이.

참치 2마리, 고등어 3마리를 주십시오.

刺身 1皿、サラダ 2皿を ください。

사시미 히도사라, 사라다 후다사라오 쿠다사이.

생선회 1접시, 샐러드 2접시를 주십시오.

自動車 1台、テレビ 2台を 持って います。

지도우샤 이찌 다이, 테레비 니 다이오 못테이마스.

자동차 1대, 텔레비전 2대를 가지고 있습니다.

鶏 1羽、キジ 2羽、スズメ 3羽が 遊んで います。

니와토리 이찌와, 키지 니와, 스즈메 산와가 아손데이마스.

닭 1마리, 꿩 2마리, 참새 3마리가 놀고 있습니다.

牛 一頭、豚 一頭が あります。

우시 잇토우, 부타 잇토우가 아리마스.

소 1마리, 돼지 1마리가 있습니다.

アパートと 家は 何軒 持って いますか？

아파ー토토 이에와 난켄 못테 이마스카?

아파트와 집은 몇 채를 가지고 있습니까?

風邪薬 1錠を 飲んて ください。

카제구스리 잇죠우오 논테 쿠다사이.

감기약 1정을 드십시오.

紙 1枚、ハンカチ 2枚、タオル 3枚で 磨いて 下さい。

카미 이찌 마이, 한카치 니마이, 타오루 산마이데 미카이테 쿠다사이.

종이 1장, 손수건 2장, 타월 3장으로 닦아주십시오.

15. 時刻 単位は 秒、分、時間、日、週、月、年が あります。

지코쿠 탄이와 보우, 분, 지칸, 니찌, 슈우, 가쯔, 넨가 아리마스.

시각 단위는 초, 분, 시간, 일, 주, 월, 년이 있습니다.

時刻の 単位

지코쿠노 탄이

시각의 단위

秒	分	時間	日	~泊~日
보우	분	지칸	니찌	~하쿠~니찌
초	분	시간	일	~박~일
週	~週日	月	~個月	年
슈우	~슈우이찌	가쯔	~카게쯔	넨
주	~주일	월	~개월	년

16. 1年は 12ヶ月で 春、夏、秋、冬が あります。

이찌넨와 쥬우니 카게쯔데 하루, 나쯔, 아키, 후유가 아리마스.

1년은 12개월로 봄, 여름, 가을, 겨울이 있습니다.

季節

키세쯔

계절

春	夏	秋	冬
하루	나쯔	아키	후유
봄	여름	가을	겨울

1月 いちがつ 이찌가쯔	2月 にがつ 니가쯔	3月 さんがつ 산가쯔
1월	2월	3월
4月 がつ 욘(시)가쯔	5月 ごがつ 고가쯔	6月 ろく가つ 로쿠가쯔
4월	5월	3월
7月 しちがつ 시찌(나나)가쯔	8月 はちがつ 하찌가쯔	9月 きゅうがつ 큐우가쯔
7월	8월	9월
10月 じゅうがつ 쥬우가쯔	11月 じゅういちがつ 쥬우이찌가쯔	12月 じゅうにがつ 쥬우니가쯔
10월	11월	12월

17. 位置、角度、形態は 東、西、南、北, 上、中、下、横、前、後ろ、左、右が あります。

이찌, 카쿠도, 케이죠우와 히카시, 니시, 미나미, 키타, 우에, 쥬우, 시타, 요코, 마에, 우시로, 히다리, 미기가 아리마스.

위치와 각도는 동, 서, 남, 북, 상, 중, 하, 옆, 전, 후, 좌, 우가 있습니다.

東 ひがし 히가시	西 にし 니시	南 みなみ 미나미	北 きた 키타
동	서	남	북
右 みぎ 미기	左 ひだり 히다리	右手 みぎて 미기테	左手 ひだりて 히다리테
오른쪽	왼쪽	오른손	왼손
前 まえ 마에	後ろ うしろ 우시로	中 なか 나카	間 あいだ 아이다
앞	뒤	중앙	중간, 사이

上 우에	中 쥬우	下 시다	横 요코
위	중	아래	옆
ハート 하-토	三角 산카쿠	四角 시카쿠	丸 마루
하트	삼각	사각	원

第4課

だい か

色の 種類は 何が
ありますか?

いろ しゅるい なに

이로노 슈루이와 나니가 아리마스카?

색깔의 종류는 무엇이 있습니까?

第4課

色の 種類は 何が ありますか?
이로노 슈루이와 나니가 아리마스카?

색깔의 종류는 무엇이 있습니까?

---

1. 色の 種類は 何が ありますか?
이로노 슈루이와 나니가 아리마스카?

색깔의 종류는 무엇이 있습니까?

はい、白色、黒色、黄色、赤色が あります。
하이, 시로이로, 쿠로이로, 키이로, 아카이로가 아리마스.

네, 흰색, 검정색, 황색, 적색이 있습니다.

色の 種類
이로노 슈루이

색깔의 종류

白色 시로이로	黒色 쿠로이로	黄色 키이로	赤色 아카이로
백색	흑색	황색	적색
茶色 쟈이로	紫色 무라사끼이로	オレンジ色 오렌지이로	ピンク色 핑크이로
갈색	보라색	오렌지색	핑크색

青色 아오이로 청색	緑色 미도리이로 녹색	水色 미즈이로 물색	肌色 히후이로 피부색
金色 깅이로 금색	銀色 긴이로 은색	灰色 하이이로 회색	空色 소라이로 하늘색
レインボー色(虹色) 레인보-이로 무지개색	藍色 아이이로 남색	カーキ色 카-키이로 카키색	桃色 모모 복숭아색
自然色 시젠이로 자연색	こんじょう色 콘죠우이로 감청색	海色 우미이로 바다색	淡い色 아와이로 엷은색
透明色 토우메이이로 투명	薄い色 우스이이로 얇은색	濃い色 코이이로 짙은색	

2. 何色が 好きですか?
나니이로가 스키데스카?

무슨 색을 좋아합니까?

はい、紫色、緑色、金色、ピンク色が 好きです。
하이, 무라사키이로, 미토리이로, 긴이로, 핑크이로가 스키데스.

네, 보라색, 녹색, 금색, 핑크색을 좋아합니다.

第5課

<ruby>だい<rt></rt></ruby>第<ruby>5<rt></rt></ruby>課<ruby>か<rt></rt></ruby>

<ruby>どうぶつ<rt></rt></ruby>
<ruby>しゅるい<rt></rt></ruby>
<ruby>なに<rt></rt></ruby>

動物の 種類は 何が ありますか?

도우부쯔노 슈루이와 나니가 아리마스카?

동물의 종류는 무엇이 있습니까?

第5課

動物の 種類は 何が ありますか?
도우부쯔노 슈루이와 나니가 아리마스카?

동물의 종류는 무엇이 있습니까?

---

1. **動物の 種類は 何が ありますか?**
도우부쯔노 슈루이와 나니가 아리마스카?

동물의 종류는 무엇이 있습니까?

はい、ネズミ、牛、虎、ウサギ、辰、ヘビ、馬、羊、猿、鶏、犬、豚が あります。
하이, 네쯔미, 우시, 토라, 우사키, 타쯔, 헤비, 우마, 히쯔지, 사루, 니와토리, 이누, 부타가 아리마스.

네, 쥐, 소, 호랑이, 토끼, 용, 뱀, 양, 원숭이, 닭, 개, 돼지가 있습니다.

動物の 種類
도우부쯔노 슈루이

동물의 종류

ネズミ 레즈미	牛 우시	虎 토라	ウサギ 우사기
쥐	소	호랑이	토끼
辰/竜 다쯔/료우	ヘビ 헤비	馬 우마	羊 히쯔지
용	뱀	말	양

猿 사루	鷄 니와토리	犬 이누	豚 부타
원숭이	닭	개	돼지
猫 네고	カメレオン 카메레온	ツル 쯔루	コアラ 코아라
고양이	카멜레온	학	코알라
ブタ 부다	キリン 기린	カバ 카바	熊 쿠마
돼지	기린	하마	곰
ライオン 라이온	象 조우	サイ 사이	ワニ 와니
사자	코끼리	코뿔소	악어
ラクダ 라구다	パンタ 팬다	ペンギン 펜긴	カンガルー 캉가루-
낙타	판다	펭귄	캥거루
ヤギ 야기	ダチョウ 다죠우	ゾウ 조우	キツネ 키쯔네
염소	타조	코끼리	여우
ゴリラ 고리라	クマ 쿠마	クジラ 쿠지라	獄 오오카미
고릴라	곰	고래	늑대

2. どんな 動物が 好きですか?
돈나 도우부쯔가 스키데스카?

어떤 동물을 좋아합니까?

はい、犬、猫、パンタ、馬が 好きです。
하이, 이누, 네코, 팬다, 우마가 스키데스.

네, 개, 고양이, 판다, 말을 좋아합니다.

第6課

スポーツの種類は何がありますか?

스포-쯔노 슈루이와 나니가 아리마스카?

스포츠의 종류는 무엇이 있습니까?

スポーツの 種類は 何が ありますか?

스포-쯔노 슈루이와 나니가 아리마스카?

스포츠의 종류는 무엇이 있습니까?

1. スポーツの 種類は 何が ありますか?

스포-쯔노 슈루이와 나니가 아리마스카?

스포츠의 종류는 무엇이 있습니까?

はい、サッカー、野球、バレーボール、バスケットボールが あります。

하이, 삿카ー, 야큐우, 바레-보-루, 바스켓토보-루가 아리마스.

네, 축구, 야구, 배구, 농구가 있습니다.

スポーツの 種類

스포-쯔노 슈루이

스포츠의 종류

サッカー 삿카ー	バレーボール 바레-보-루	野球 야큐우	バスケットボール 바스켓토 보-루
축구	배구	야구	농구
ゴルフ 코루프	ビリヤード 비리야-도	卓球 탓큐우	バドミントン 밧도 민톤
골프	당구	탁구	배드민턴

ラグビー (フットボール) 라구비- 풋트보-루	ボクシング 보쿠신구	柔道 쥬우도우	剣道 켄도우
럭비	복싱	유도	검도
水泳 스이에이	プロレスリング 푸로레스린구	相撲 스모우	マラソン 마라손
수영	프로 레슬링	일본씨름	마라톤
テコンドー 테콘도-	空手 카라테	K 1 케이완	体操 타이소우
태권도	공수도	케이원	체조
ゲートボール 게-토 보-루	スノボート 스노보-도	サーフィン 사-휜	ボーリング 보-링구
케이트볼	스노보드	서핑	볼링

2. 好きな スポーツは 何ですか?

　스키나 스포-쯔와 난데스카?

　좋아하는 스포츠는 무엇입니까?

　はい、私は サッカー(〇〇)が 好きです。

　하이, 와타쿠시와 삿카-(〇〇)가 스키데스.

　네, 저는 축구(〇〇)를 좋아합니다.

第 <ruby>7<rt>か</rt></ruby> 課
<ruby>第<rt>だい</rt></ruby>　　<ruby>課<rt>か</rt></ruby>

<ruby>病気<rt>びょうき</rt></ruby>の <ruby>種類<rt>しゅるい</rt></ruby>は <ruby>何<rt>なに</rt></ruby>が
ありますか?

뵤우키노 슈루이와 나니가 아리마스카?

병의 종류는 무엇이 있습니까?

病気の 種類は 何が ありますか?
보우키노 슈루이와 나니가 아리마스카?

병의 종류는 무엇이 있습니까?

---

1. 病気の 種類は 何が ありますか?
보우키노 슈루이와 나니가 아리마스카?

병의 종류는 무엇이 있습니까?

はい、風邪、頭痛、食中毒、胃腸炎、インフルエンザが あります。
하이, 가제, 즈쯔우, 쇼쿠쥬우도쿠, 이쬬우엔, 인후루엔자가 아리마스.

네, 감기, 두통, 식중독, 위장염, 독감이 있습니다.

病気の 種類
보우키노 슈루이

병의 종류

疲労 히로우	風邪 카제	インフルエンザ 인후루엔자	熱 네쯔
피로	감기	독감	열
頭痛 즈쯔우	腹痛 후쿠쯔우	生理痛 세이리쯔우	胃腸炎 이쬬우엔
두통	복통	생리통	위장염

傷口 키즈구찌	打撲傷 다보쿠쇼우	骨折 콧세쯔	火傷 야케도
상처	타박상	골절	화상
ノイローゼ 노이로-제	じんましん 진마신	かゆみ 가유미	消化不良 쇼우카후료우
노이로제	두드러기	가려움증	소화불량
食中毒 쇼쿠쥬우도쿠	糖尿病 토우뇨오보우	熱射病 넷샤보우	肝炎 칸엔
식중독	당뇨병	열사병	간염
貧血 힌케쯔	低血圧 테이케쯔아쯔	高血圧 코우케쯔아쯔	妊娠中 닌신쥬우
빈혈	저혈압	고혈압	임신중
痛い 이타이	みるとい 痛み 스루토이 이타미	ときどき 痛い 토키도키 이타이	ずっと 痛い 줏토 이타이
아프다	찌르는 듯한 아픔	가끔 아프다	지속적으로 아프다

2. どこが 痛いですか?

도코가 이타이데스카?

어디가 아프신가요?

腹痛が あります。

후쿠쯔우가 아리마스.

복통이 있습니다.

お腹(○○)を 見せて ください。

오나카(○○)오 미세테 쿠다사이.

배(○○)를 보여 주세요.

3. **身体 表現 単語は 何が ありますか?**
신타이 효켄 탄고와 나니가 아리마스카?
신체 표현 단어는 무엇이 있습니까?

はい、あたま、うで、おなか、あしが あります。
하이, 아타마, 우테, 오나카, 아시가 아리마스.
네, 머리, 손, 배, 발이 있습니다.

身体 表現 単語
신타이 효겐 탄고
신체 표현 단어

あたま(頭)	おでこ	め(目)	くち(口)
아타마	오데코	메	쿠찌
머리	이마	눈	입
はな(鼻)	かた(肩)	は(歯)	した(舌)
하나	카타	하	시타
코	어깨	이	혀
くび	のど	うで	胸 / 乳房
구비	노도	우데	무네 / 뉴우보우
목	목구멍	팔	가슴 / 유방
頬	背中	こし	ひじ
호오	세나카	코시	히지
뺨 / 볼	등	허리	팔꿈치
ろっこつ	おなか	へそ	手
롯코쯔	오나카	헤소	테
갈비뼈	배	배꼽	손
手首	ゆび	おしり	こうもん
테쿠비	유비	오시리	코우몬
손목	손가락	엉덩이	항문

太もも 후토모모	あし(足) 아시	ひざ 히자	性器 세이키
허벅지	다리	무릎	성기
あしくび 아시쿠비	あしゆび 아시유비	つまさき 쯔마사키	つめ 쯔메
발목	발가락	발가락끝	손톱 / 발톱

4. 処方箋は 何が ありますか?

쇼보우센와 나니가 아리마스카?

처방전은 무엇이 있습니까?

はい、風邪薬、リンゲル、治療、注射の 処方箋が あります。

하이, 카제쿠스리, 링게루, 찌료우, 쥬우샤노 쇼보우센가 아리마스.

네, 감기약, 링거, 치료, 주사의 처방이 있습니다.

処方箋

쇼보우센

처방전

薬 쿠스리	風邪薬 카제쿠스리	鎮痛剤 진쯔우자이	解熱剤 게네쯔자이
약	감기약	진통제	해열제
注射 쥬우사	リンゲル 린게루	治療 찌료우	手術 슈쥬쯔
주사	링거	치료	수술
診察 신사쯔	診断 신단	入院 뉴우인	保険 호켄
진찰	진단	입원	보험

5. 薬は 1日 何回 飲みますか?

쿠스리와 이찌니찌 난카이 노미마스카?

약은 1일 몇 회 마시나요?

1日 2回 食前、食後に 飲みます。

이찌니찌 니카이 쇼쿠젠, 쇼쿠고니 노미마스.

1일 2회 식전, 식후에 마십니다.

6. 健康 検診は 何が ありますか?

켄코우 켄신와 나니가 아리마스카?

건강 검진은 무엇이 있습니까?

はい、身長、体重、視力、血圧、脳、心臓です。

하이, 신죠우, 타이쥬우, 시료쿠, 케쯔아쯔, 노우, 신죠우 데스.

네, 신장, 체중, 시력, 혈압, 뇌, 심장입니다.

健康検診 要素

켄코우 켄신 요우소

건강 검진 요소

身長	体重	視力	血圧
신죠우	타이쥬우	시료쿠	케쯔아쯔
신장	체중	시력	혈압
血圧	脳	心臓	貧血
케쯔아쯔	노우	신조우	힌케쯔
혈압	뇌	심장	빈혈
虫歯	下痢	便秘	肩こり
무시바	게리	벤피	카타코리
충치	설사	변비	어깨 결림

肺炎 칸엔	胃炎 이엔	聴力 죠우료쿠	レントゲン 렌토겐
간염	위염	청력	X-레이

第8課

調理 厨房を 勉強
しましょう。

ちょうり ちゅうぼう べんきょう

죠우리 쥬우보우오 벤쿄우시마쇼우.

조리 주방을 공부합시다.

第8課

調理 厨房を 勉強しましょう。
죠우리 쥬우보우오 벤쿄우시마쇼우.

조리 주방을 공부합시다.

---

1. 調理 厨房の 組織は どうですか?

죠우리 쥬우보우루노 소시키와 도우데스카?

조리 주방의 조직은 어떻게 되나요?

はい、総料理長、副総料理長、調理師、調理長、副調理長、スーパーバイザー、セクションシェフ、1級調理師、2級調理師、3級調理師、見習生、洗浄が あります。

하이, 소우료우리죠우, 후쿠소우료우리죠우, 콧쿠, 죠우리죠우, 후쿠죠우리죠우, 스-파-바이자-, 세쿠션쉐후, 이찌큐우 죠우리시, 니큐우 죠우리시, 산큐우 죠우리시, 미나라이세이, 센죠우가 아리마스.

네, 총주방장, 부총주방장, 조리사, 조리장, 부조리장, 슈퍼바이저, 섹션세프, 1급 조리사, 2급 조리사, 3급 조리사, 견습생, 세척부가 있습니다.

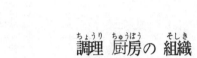

調理 厨房の 組織
죠우리 쥬우보우노 소시키

조리 주방의 조직

総料理長	副総料理長	ユック	調理長
소우료우리죠우	후쿠소우료우리죠우	콧쿠	죠우리죠우
총주방장	부총주방장	주방장	조리장
副調理長	スーパーバイザー	セクションシェフ	1級調理師
후쿠죠우리죠우	스-파-바이자-	세쿠션쉐후	이찌큐우죠우리시
부조리장	슈퍼바이저	섹션 세프	1급 조리사
2級調理師	3級調理師	見習生	洗淨
니 큐우죠우리시	산 큐우죠우리시	미나라이세이	센죠우
2급 조리사	3급 조리사	견습생	세척

2. **厨房の 分類は どう やって 分けられますか?**
쥬우보우루노 분루이와 도우 얏테 와케라레마스카?

주방의 분류는 어떻게 하나요?

はい、準備の 厨房と 営業厨房に 分かれます。
하이, 준비노 쥬우보우토 에이교우 쥬우보우니 와카레마스.

네, 준비 주방과 영업 주방으로 나누어집니다.

3. **準備 厨房を どの ように 分けられますか?**
준비 쥬우보우오 도노 요우니 와케라레마스카?

준비 주방은 어떻게 나누어지나요?

はい、コールキッチン、ペスチュリーアン ベーカリーキチン、スチュワーに 分けられます。
하이, 코-루킷친, 파스츄리-안 베-카리- 키친, 스츄와-니 와케라레마스.

네, 콜 키친, 페스트리와 베이커리 키친, 스튜로 나누어집니다.

4. 営業 厨房は どの ように 分けられますか?

에이교우 쥬우보우와 도노 요우니 와케라레마스카?

영업 주방은 어떻게 나누어지나요?

はい、コーヒーショップ、カフェ、バンケット、ファッション　キッチンに 分けられます。

하이, 코-히-쇼푸, 카훼, 반켓토, 화숀 킷찐니 와케라레마스.

네, 커피숍, 카페, 연회장, 색션 키친으로 나누어집니다.

厨房の 分類

쥬우보노 분루이

주방의 분류

準備 厨房 준비 쥬우보우	ユールキッチン 코-루킷찐	ペスチュリーアン ベーカリーキチン 파스츄리-안베-카리-킷친	スチュワー 스튜와
준비 주방	콜 주방	베이커리 주방	스튜
営業 厨房 에이교우 쥬우보우	コーヒーショップ / カフェ 코-히 쇼푸 / 카헤	バンケット 반켓토	ファッション キッチン 화숀 킷친
영업 주장	커피숍 / 카페	연회장	색션 주방

調理ちょうりの 過程かていは 何なにが ありますか?

죠우리노 카테이와 나니가 아리마스카?

조리의 과정은 무엇이 있습니까?

調理の 過程は 何が ありますか?
죠우리노 카테이와 나니가 아리마스카?

조리의 과정은 무엇이 있습니까?

---

1. # 調理の 過程は 何が ありますか?
   죠우리노 카테이와 나니가 아리마스카?

   조리의 과정은 무엇이 있습니까?

   # はい、調理の 過程は 焼きます、揚げます、蒸します、煮ます、茹でますが あります。
   하이, 죠우리노 카테이와 야키마스, 아케마스, 무시마스, 니마스, 유데마스가 아리마스.

   네, 조리의 과정은, 굽습니다, 튀깁니다, 찝니다, 조립니다, 삶습니다가 있습니다.

   ## 調理の 過程
   죠우리노 카테이

   조리의 과정

焼きます	揚げます	蒸します	煮ます
야키마스	아게마스	무시마스	니마스
굽습니다	튀깁니다	찝니다	조립니다

茹でます 유데마스	いためます 이타메마스	暖めます 아타타메마스	冷やします/ 冷まします 히야시마스 / 사마시마스
삶습니다	볶습니다	데웁니다	식힙니다
湯煎を します 유센오 스마스	皮を むきます 카와오 무키마스	切ります 기리마스	混ざます 마제마스
중탕을 합니다	껍질을 벗깁니다	자릅니다	섞습니다
作ります 쯔쿠리마스	味を つけます 아지오 쯔케마스	盛り出します 모리다시마스	はがします 하가시마스
만듭니다	맛을 냅니다	담아냅니다	벗깁니다
洗います 아라이마스	飯を 炊きます 메시오 타키마스	すりつぶします 스리쯔부시마스	たたきます 타타키마스
씻습니다	밥을 짓습니다	갈아 으깹니다	두드립니다
こねます 코네마스	練りを 作ります 네리오 쯔쿠리마스	沸かします 와카시마스	合わせます 아와세마스
이깁니다	끈기가 나게 만듭니다.	끓입니다/데웁니다	합칩니다
泡を 立てます 아와오 타테마스	漬けます 쯔케마스	汁を 出します 시루오 다시마스	濾します 코시마스
거품을 냅니다	담급니다	국물을 냅니다	거릅니다
振り 掛けます 후리 카케마스	固めます 카타메마스	細かく 切ります 코마카쿠 키리마스	厚切りに します 아쯔키리니 시마스
뿌립니다/끼얹습니다	굳힙니다	잘게 자릅니다	두껍게 썰어줍니다
研(磨)きます 토키마스	仕上げます 시와게마스	溶かします 토카시마스	生(生)き 物です 나마(이키) 모노데스
갈아줍니다	마무리합니다	녹입니다	생것입니다

炒り 物です	ゆで ものです	揚げ 物です	焼き 物です
이리 모노데스	유데 모노데스	아게 모노데스	야키 모노데스
볶은 것입니다	삶은 것입니다	튀긴 것입니다	구운 것입니다
弱火に します	中火に します	強火に します	火を つけます
요와비니 시마스	쥬우비니 시마스	쯔요비니 시마스	히오 쯔케마스
약불로 합니다	중간 불로 합니다	강한 불로 합니다	불을 켭니다
火を 消します			
히오 케시마스			
불을 끕니다			

2. **調理 過程は どうしますか？**
조우리 카테이와 도우시마스카?
조리 과정은 어떻게 합니까?

はい、パン、栗、ブルゴギを 焼きます。
하이, 팡, 쿠리, 부루고기오 야키마스.
네, 빵, 밤, 불고기를 굽습니다.

ドーナツ、トンカツ、チキンを 揚げます。
도-나쯔, 톤카쯔, 치킨오 아게마스.
도넛, 돈가스, 통닭을 튀깁니다.

まんじゅう、さつまいも、たまごを 蒸します。
만쥬, 사쯔마이모, 타마고오 무시마스.
찐빵, 고구마, 달걀을 찝니다.

トウモロコシ、タコ、肉を 煮ます。
토우모로코시, 타코, 니쿠오 니마스.
옥수수, 문어, 고기를 삶습니다.

ブロッコリー、カボチャ、ナスを 茹でます。

부롯코리-, 카보챠, 나스오 유데마스.

브로콜리, 호박, 가지를 데칩니다.

トッポッキ、ごま、スパケッティを いためます。

톳뽁키, 고마, 스파켓티오 이타메마스.

떡볶이, 깨, 스파케티를 볶습니다.

ピザ、スープ、ご飯を 暖めます。

피자, 스-프, 고한오 아타타메마스.

피자, 수프, 밥을 데웁니다.

頭、麺、みそ汁を 冷やします。

아타마, 멘, 미소시루오 히야시마스.

머리, 면, 된장국을 식힙니다.

チョコレート、卵、離乳食を 湯煎します。

초코레-토, 타마고, 리뉴우쇼쿠오 유센시마스.

초콜릿, 달걀, 이유식을 중탕합니다.

りんご、レモン、魚の 皮を はがします。

린고, 레몬, 사카나노 카와오 하가시마스.

사과, 레몬, 생선껍질을 벗깁니다.

たまねぎ、ババナ、エビの 皮を むきます。

타마네기, 바바나, 에비노 카와오 무키마스.

양파, 바나나, 새우 껍질을 벗깁니다.

桃、魚の 頭、紙を 切ります。

모모, 사카나노 아타마, 카미오 키리마스.

복숭아, 생선 머리, 종이를 자릅니다.

チーズと 生クリーム、スープと スープ、ビビンパに ナムルを 混ぜます。
치-즈토 나마 쿠리-무, 스-프토 수프, 비빈파니 나무루오 마제마스.
치즈와 생크림, 수프와 수프, 비빔밥에 나물을 섞습니다.

料理、おかず、汁を 作ります。
료우리, 오카즈, 시루오 쯔쿠리마스.
요리, 반찬, 국을 만듭니다.

キムチ、肉は チゲに 味を 付けます。
키무찌, 니쿠와 찌게니 아지오 쯔케마스.
김치, 고기는 찌개에 맛을 냅니다.

カルビチム、刺身、パジョンを 皿に 盛り出します。
카루비찌무, 사시미, 파전오 사라니 모리다시마스.
갈비찜, 생선회, 파전을 접시에 담아내다.

オレンジの 皮、れんこんの 皮、ジャガイモの 皮を はがします。
오렌지노 카와, 렌콘노 카와, 쟈카이모노 카와오 하가시마스.
오렌지껍질, 연근껍질, 감자껍질을 벗깁니다.

なべ、フライパン、まないたを 洗います。
나베, 후라이판, 마나이타오 아라이마스.
냄비, 프라이팬, 도마를 씻습니다.

ご飯、おもち米飯、むぎめしを 炊きます。
고한, 오모찌고항, 무기메시오 타키마스.
쌀밥, 찹쌀밥, 보리밥을 짓습니다.

にんにく、しょうが、ねぎを すりつぶします。
닌니쿠, 쇼우가, 네기오 스리쯔시마스.
마늘, 생강, 파를 갈아 으깹니다.

肉、乾いた めんたい、キュウリを たたきます。

니쿠, 카와이타 멘타이, 큐리오 타타키마스.

고기, 마른 명태, 오이를 두드립니다.

小麦粉、そば粉、米粉を こねます。

코무기코, 소바코, 코메코오 코네마스.

밀가루, 메밀가루, 쌀가루를 치댑니다.

うどん、パン、もちの 生地を 作ります。

우돈, 판, 모찌노 키지오 쯔쿠리마스.

우동, 빵, 떡의 반죽을 만듭니다.

水、お茶、コーヒーを 沸かします。

미즈, 오챠, 코-히-오 와카시마스.

물, 차, 커피를 끓입니다(데웁니다).

牛乳と 砂糖、調味料と ソース、みそと コチュジャンを 合わせます。

큐우뉴우토 사토우, 죠우미료우토 소-스, 미소토 코츄쟝오 아와세마스.

우유와 설탕, 조미료와 소스, 된장과 고추장을 섞습니다.

卵、生クリーム、バターの 泡を 立てます。

타마고, 나마쿠리-무, 바타-노 아와오 타테마스.

달걀, 생크림, 버터의 거품을 냅니다.

第<ruby>だい<rt></rt></ruby>**10**課<ruby>か<rt></rt></ruby>

<ruby>しょくひん<rt></rt></ruby>
食品の <ruby>しゅるい<rt></rt></ruby>種類は <ruby>なに<rt></rt></ruby>何が
ありますか?

쇼쿠힝노 슈루이와 나니가 아리마스카?

식품의 종류는 무엇이 있습니까?

食品の 種類は 何が ありますか？
쇼쿠힝노 슈루이와 나니가 아리마스카?

식품의 종류는 무엇이 있습니까?

---

1. 食品の 種類は 何が ありますか？
쇼쿠힝노 슈루이와 나니가 아리마스카?

식품의 종류는 무엇이 있습니까?

はい、肉類、魚類、貝類、甲殻類、穀類、果物類、野菜類、チーズ類が あります。
하이, 니쿠루이, 사카나루이, 카이루이, 코우카쿠루이, 코쿠루이, 쿠다모노루이, 야사이루이, 치-즈루이가 아리마스.

네, 육류, 어류, 패류, 갑각류, 곡류, 과일류, 채소류, 치-즈류가 있습니다.

食品の 種類
쇼쿠힝노 슈루이

식품의 종류

肉類	魚類	貝類	甲殻類
니쿠루이	사카나루이	카이루이	코우카쿠루이
육류	생선류	조개류	갑각류

穀類	菓物類	野菜類	チーズ類
코쿠루이	쿠타코노루이	야사이루이	치-즈루이
곡류	과일류	야채류	치-즈류

2. 料理の 材料は 何が ありますか?

로우리노 자이료우와 나니가 아리마스카?

요리의 재료는 무엇이 있습니까?

はい、料理の 材料は 砂糖、コショウ、塩、醤油、みそ、とうがらしが あります。

하이, 료우리노 자이료우와 사토우, 코쇼우, 시오, 쇼우유, 미소, 토우카라시가 아리마스.

네, 재료의 종류는 설탕, 후추, 소금, 간장, 된장, 고추가 있습니다.

料理の 材料

료우리노 자이료우

요리의 재료

みそ	砂糖	醤油	塩	コショウ	とうがらし
미소	사토우	쇼우유	시오	코쇼우	토우카라시
된장	설탕	간장	소금	후추	고추

酢	マヨネーズ	みりん	ワサビ	からし
스	마요네-즈	미링	와사비	카라시
식초	마요네즈	맛술	고추냉이	겨자
小麦粉	卵	しちみ/とうがらし	さんそう	ゴマ油
코무기코	타마고	시찌미/ 토우카라시	산소우	고마 아부라
밀가루	달걀	일곱 맛 고추가루	산초	참기름

クルミ 쿠루미	のり 노리	どんぶり 돈부리	油 아브라	ユチュジャン 코추잔
호두	김	덮밥	기름	고추장
牛乳 큐뉴우	ヤグルト 야구루토	生クリーム 나마쿠리-무	バター 바타-	チーズ 치-즈
우유	요구르트	생크림	버터	치즈
脱脂粉乳 닷시훈뉴우	ユユア 粉末 코코아 훈마쯔	粉末 アーモンド 훈마쯔 아-몬도	こめ(米) 고메	小麦/ 麦 코무기/ 무기
탈지분유	코코아 분말	아몬드 분말	쌀	밀/ 보리

3. 料理の 材料 使用は 何が ありますか?
료우리노 자이료우 시요우와 나니가 아리마스카?
요리의 재료 사용은 무엇이 있습니까?

はい、みそで 味噌汁を 作ります。
하이, 미소데 미소지루오 쯔쿠리마스.
네, 된장으로 된장국을 끓입니다.

砂糖は 甘みを 出します。
사토오와 아마미오 다시마스.
설탕은 단맛을 내줍니다.

醤油の 味が します。
쇼우유노 아지가 시마스
간장의 맛이 납니다.

わさびは お刺身と 一緒に 食べます。
와사비와 오사시미토 잇쇼니 타베마스.
고추냉이는 회와 함께 먹습니다.

小麦粉で パン、お菓子、麺を 作ります。

코무기코데 팡, 오카시, 멘오 쯔쿠리마스.

밀가루로 빵, 과자, 국수를 만듭니다.

卵は 様々な 料理に 使われます。

타마고와 사마자마나 료우리니 쯔카와레마스.

달걀은 여러 가지 요리에 사용됩니다.

牛乳、脱脂粉乳、ヨーグルト、生クリーム、バター、チーズは 乳製品です。

규우뉴우, 닷시훈뉴우, 요-구루토, 나마 쿠리-무, 바타-, 치-즈와 뉴우세이힝데스.

우유, 탈지분유, 요구르트, 생크림, 버터, 치즈는 유제품입니다.

お米、麦は ご飯で 食べます。

오코메, 무기와 고한데 타베마스.

쌀, 보리는 밥으로 먹습니다.

第11課

肉の 種類は 何が ありますか?

にくの 슈루이와 나니가 아리마스카?

고기의 종류는 무엇이 있습니까?

第11課

肉の 種類は 何が ありますか?
니쿠노 슈루이와 나니가 아리마스카?

고기의 종류는 무엇이 있습니까?

---

1. 肉の 種類は 何が ありますか?
니쿠노 슈루이와 나니가 아리마스카?

고기의 종류는 무엇이 있습니까?

はい、牛肉、豚肉、鶏肉、羊肉、鴨肉が あります。
하이, 큐우니쿠, 부타니쿠, 토리니쿠, 요우니쿠, 카모니쿠가 아리마스.

네, 소고기, 돼지고기, 닭고기, 양고기, 오리고기가 있습니다.

肉の 種類
니쿠노 슈루이

고기의 종류

牛肉 큐우니쿠	豚肉 부타니쿠	鶏肉 토리니쿠	羊肉 요우니쿠	鴨肉 카모니쿠
소고기	돼지고기	닭고기	양고기	오리고기

焼き肉 야키니쿠	焼鳥 야키토리	カルビ 카루비	ロース 로-스	ヒアル焼き 아히루야키
불고기	꼬치	갈비	로스	오리구이
ホルモン 호루몬	豚足 톤소쿠	雀焼 스즈메야키	晋腸 모우죠우	七面鳥 시찌멘죠우
곱창	돼지족발	참새구이	막창	칠면조
サムギョプサル 사무교푸사루	鶏の足 니와토리노 아시	牛タン 큐우탄	羊肉 히쯔지니쿠	馬肉 바니쿠
삼겹살	닭발	소의 혀	양고기	말고기

2. 料理 使用 肉類の 種類は 何が ありますか?

료우리니 시요우 니쿠루이노 슈루이와 나니가 아리마스카?

요리에 사용되는 육류의 종류는 무엇이 있습니까?

はい、牛肉、豚肉、鶏肉、羊肉、ヤギ肉、鴨肉、七面鳥肉、兎肉が あります。

하이, 큐우니쿠, 부타니쿠, 토리니쿠, 히쯔지니쿠, 야키니쿠, 카모니쿠, 시찌멘죠우니쿠, 우사키니쿠가 아리마스.

네, 소고기, 돼지고기, 닭고기, 양고기, 염소고기, 오리고기, 칠면조고기, 토끼고기가 있습니다.

肉類の 種類

니쿠루이노 슈루이

육류의 종류

牛肉 큐우니쿠	豚肉 부타니쿠	鶏肉 토리니쿠	羊肉 히쯔지니쿠
소고기	돼지고기	닭고기	양고기
ヤギ肉 야기니쿠	鴨肉 카모니쿠	七面鳥肉 시찌멘죠우니쿠	兎肉 우사기니쿠
염소고기	오리고기	칠면조고기	토끼고기

3. 牛肉の 分類は どう なりますか?

큐우니쿠노 분루이와 도우 나리마스카?

소고기 분류는 어떻게 됩니까?

はい、ロース、ばら、もも、タン、レバ、テールに 分類されます。

하이, 로-스, 바라, 모모, 탄, 레바, 테-루니 분루이사레마스.

네, 등심, 사태, 안심, 양지, 우둔, 간, 양으로 분류됩니다.

4. 豚肉の 分類は どう なりますか?

부타니쿠노 분루이와 도우 나리마스카?

돼지고기 분류는 어떻게 됩니까?

はい、カルビ、サムギョプサル、小腸、豚足に 分けられます。

하이, 카루비, 사무교무사루, 쇼우죠우, 톤소쿠니 와케라레마스.

네, 갈비, 뒷다리, 삼겹살, 소장, 돼지족발로 나누어집니다.

5. 肉類の 代表的な 調理法は 何ですか?

니쿠루이노 다이효우테키나 죠우리호우와 난데스카?

육류의 대표적인 조리법은 무엇입니까?

はい、ステーキです。

하이, 스테-키데스.

네, 스테이크(굽기)입니다.

6. ステーキの 身に つける 程度は 何が ありますか?

스테-키노 미니 쯔케루 테이도와 나니가 아리마스카?

스테이크의 익히는 정도는 무엇이 있습니까?

はい、ブルーレア、レア、ミディアム、ウェルダンが あります。

하이, 부루-레아, 레아, 미디아무, 웨루 단가 아리마스.

네, 블루 레어, 레어, 미디엄, 웰던이 있습니다.

第12課

魚、水産物の 種類は 何が ありますか?

사카나, 스이산부쯔노 슈루이와 나니가 아리마스카?

생선, 수산물의 종류는 무엇이 있습니까?

第12課

魚、水産物の 種類は 何が ありますか?
사카나, 스이산부쯔노 슈루이와 나니가 아리마스카?

생선, 수산물의 종류는 무엇이 있습니까?

---

1. **魚、水産物の 種類は 何が ありますか?**
   사카나, 스이산부쯔노 슈루이와 나니가 아리마스카?

   생선, 수산물의 종류는 무엇이 있습니까?

   はい、魚、水産物は エビ、タコ、カニ、カキ、イカが あります。
   하이, 사카나, 스이산부쯔와 에비, 타코, 카니, 카키, 이카가 아리마스.

   네, 생선, 수산물은 새우, 문어, 게, 굴, 오징어가 있습니다.

   魚、水産物の 種類
   사카나, 스이산부쯔노 슈루이

   생선, 수산물의 종류

エビ(海老)	タコ(蛸)	カニ(蟹)	カキ(牡蠣)	イカ(鯣烏賊)
에비	타코	카니	카키	이카
새우	문어	게	굴	오징어
タラ(鱈)	アワビ(鮑)	貝	サバ(鯖)	マグロ(鮪)
타라	아와비	카이	사바	마구로
대구	전복	조개	고등어	참치

サケ(鮭) 사케	うなぎ(鰻) 우나기	どじょう(鰍魚) 도죠우	ヒラメ(鮃) 하라메	いしもち(石持) 이시모찌
연어	장어	미꾸라지	광어	조기
サンマ(秋刀魚) 산마	かつお(鰹) 카쯔오	サワラ(椹) 사와라	あなご(穴子) 아나고	タイ(鯛) 타이
꽁치	가다랑어	삼치	붕장어	도미
フグ(河豚) 후구	こはだ(鐽魚) 고하다	アカガイ(赤貝) 아카카이	イワシ(鰯) 이와시	マダコ(真蛸) 마다코
복어	전어	피조개	정어리	낙지
のり(海苔) 노리	ワカメ(若芽) 와카메	昆布 콘부	かつおぶし(鰹節) 카쯔오부시	ナマコ(海參) 나마코
김	미역	다시마	가다랑어포	해삼
イクラ(鮭の卵) 이쿠라	ホヤ(海鞘) 호야	テングサ(天草) 텐구사	アサリかい(浅蜊貝) 아사리가이	ハマグリ(蛤) 하마구리
연어알	멍게	우뭇가사리	모시조개	대합
アユ(銀魚) 아유	ウニ(海胆) 우니	メカジキ(眼梶木) 메카지키	ザリリニ(蝲蛄) 자리가니	アナジャク 아나쟈코
은어	성게	황새치	가재	쏙

2. 魚類の 種類は 何が ありますか?

사카나노 슈루이와 나니가 아리마스카?

어류의 종류는 무엇이 있습니까?

はい、スズキ、ハゼ、マグロ、ボラ、ウナギ、クロダイ、イシダイ、マダイ、クロソイ、サバ、タツウオ、タツオ、サワラ、タラ、フナ、イシモチ、フグ、コイ、ヒラメ、カレイ、ニベ、ダイが あります。

하이, 스즈키, 하제, 마구로, 보라, 우나기, 쿠로다이, 이시다이, 마다이, 쿠로소이, 사바, 카쯔오, 타쯔우로, 사와라, 타라, 후나, 이시모찌, 후구, 코이, 히라메, 카레이, 니베, 다이, 히라메가 아리마스.

네, 농어, 망둥어, 참치, 숭어, 장어, 감성돔, 돌돔, 참돔, 노래미, 볼락, 우럭, 고등어, 가다랑어, 다랑어, 갈치, 삼치, 대구, 붕어, 조기, 복어, 잉어, 가자미, 민어, 도미, 광어가 있습니다.

魚の 種類
사카나노 슈루이

생선의 종류

スズキ(鱸)	ハゼ(沙魚)	マグロ(鮪)	ボラ(鯔]
스즈키	하제	마구로	보라
농어	망둥어	참치	숭어
ウナギ(鰻]	黑鯛	石鯛	マダイ(真鯛)
우나기	구로다이	이시다이	마다이
장어	감성돔	돌돔	참돔
鮎魚	クロソイ	サバ(鯖)	カツオ(鰹)
아이나메	쿠로소이	사바	카쯔오
노래미	우럭	고등어	가다랑어
タツウオ(太刀魚)	サワラ	タラ(鱈)	フナ(鮒)
타찌우오	사와라	타라	후나
갈치	삼치	대구	붕어
イシモチ(助氣)	フグ(河豚)	コイ(鯉)	ヒラメ(鮃)
이시모찌	후구	코이	히라메
조기	복어	잉어	광어
カレイ(鰈)	ニベ(鮸)	ダイ(鯛)	あゆ(鮎)
카레이	니베	다이	아유
가자미	민어	도미	은어

3. 貝類の 種類は 何が ありますか?

카이루이노 슈루이와 나니가 아리마스카?

조개류의 종류는 무엇이 있습니까?

はい、ハマグリ、ムール貝、カキ、ホタテガイ、カタツムリあ ります。

하이, 하마구리, 무−루카이, 카키, 호타테카이, 카타쯔무리가 아리마스.

네, 대합, 홍합, 굴, 가리비, 달팽이가 있습니다.

貝類の 種類

카이루이노 슈루이

패류의 종류

ハマグリ(蛤)	ムール貝	赤貝	鳥貝
하마구리	무−루카이	아카카이	토리카이
대합	홍합	피조개	새조개
カキ(牡蠣)	帆立貝	(蝸牛)	
카키	호타테카이	카타쯔무리	
굴	가리비	달팽이	

4. 甲殻類の 種類は 何が ありますか?

코우카쿠루이노 슈루이와 나니가 아리마스카?

갑각류의 종류는 무엇이 있습니까?

はい、カニ、ザリガニ、ロブスター、エビ、イカなどが あります。

하이, 카니, 자리가니, 로부스타−, 에비, 이카 나도가 아리마스.

네, 게, 민물 가재, 바닷가재, 새우, 오징어 등이 있습니다.

甲殻類の 種類
こうかくるい　しゅるい

코우가쿠루이

갑각류의 종류

カニ(蟹)	ザリガニ	ロブスター	エビ(海老)	鯣烏賊
카니	자리카니	로브스타-	에비	스루메이카
게	민물 가재	바닷가재	새우	오징어

第13課

<ruby>第<rt>だい</rt></ruby>13<ruby>課<rt>か</rt></ruby>

<ruby>穀類<rt>こくるい</rt></ruby>の <ruby>種類<rt>しゅるい</rt></ruby>は <ruby>何<rt>なに</rt></ruby>が
ありますか?

코쿠루이노 슈루이와 나니가 아리마스카?

곡류의 종류는 무엇이 있습니까?

第13課

穀類の 種類は 何が ありますか?
코쿠루이노 슈루이와 나니가 아리마스카?

곡류의 종류는 무엇이 있습니까?

---

1. 穀類の 種類は 何が ありますか?
코쿠루이노 슈루이와 나니가 아리마스카?

곡류의 종류는 무엇이 있습니까?

はい、米、玄米、もち米、麦、小麦、とうもろこし、ライ麦、きび、そば、エンバク、アワ、オートミール、はとむぎ、ごま、ひまわりの 種が あります。

하이, 코메, 겐마이, 모찌고메, 무기, 코무기, 토우모로코시, 라이무기, 키비, 소바, 엔바쿠, 아와, 오-토미-루, 하토무기, 고마, 히마와리노 타네가 아리마스.

네, 쌀, 현미, 찹쌀, 보리, 밀, 옥수수, 호밀, 수수, 메밀, 귀리, 조, 오트밀, 율무, 깨, 해바라기씨가 있습니다.

穀類
코쿠루이

곡류

米 코메	玄米 겐마이	もち米 모찌코메	麦 무기
쌀	현미	찹쌀	보리

小麦 코무기	玉蜀黍 도우모로코시	ライ麦 라이무기	きび 키비
밀	옥수수	호밀	수수
蕎麦 소바	エンバク 엔바쿠	アワ 아와	キビ 키비
메밀	귀리	조	피
オートミール 오-토미-루	はとむぎ 하토무기	胡麻 고마	ひまわりの種 히마와리노 타네
오트밀	율무	깨	해바라기씨

2. **豆類の 種類は 何が ありますか?**
마메루이노 슈루이와 나니가 아리마스카?
두류의 종류는 무엇이 있습니까?

はい、豆、小豆、緑豆、エンドウ、インゲンマメが あります。
하이, 마메, 아즈키, 료쿠토우, 엔도우, 인겐마메가 아리마스.
네, 콩, 팥, 녹두, 완두콩, 강낭콩이 있습니다.

豆類の 種類
마메루이노 슈루이
두류의 종류

豆 마메	小豆 아즈키	緑豆 료쿠토우	エンドウ豆 엔도우	インゲンマメ 인겐마메
콩	팥	녹두	완두콩	강낭콩

第14課

だい か

野菜の 種類は 何が ありますか?

やさい しゅるい なに

야사이노 슈루이와 나니가 아리마스카?

야채의 종류는 무엇이 있습니까?

第14課

野菜の 種類は 何が ありますか?
やさいの しゅるいは なにが

야사이노 슈루이와 나니가 아리마스카?

야채의 종류는 무엇이 있습니까?

---

1. 野菜類の 種類は 何が ありますか?
やさいるいの しゅるいは なにが

야사이루이노 슈루이와 나니가 아리마스카?

야채류의 종류는 무엇이 있습니까?

はい、大根、白菜、キャベツ、レタス、にんじん、キュウリ、ナス、カボ
ダイコン はくさい
チャ、じゃがいも、さつまいも、サトイモ、にんにく、たまねぎ、アスパ
ラガス、ビート、チカリ、ブロコリ、サラリー、きのこ、ほうれん草、ト
そう
マト、カブ、ニラ、たけのこ、れんこんなどが あります。

하이, 다이콘, 하쿠사이, 캬베쯔, 레타스, 닌징, 큐우리, 나스, 카보차, 자카이모, 사쯔마이모, 사토이모, 닌니쿠, 타마네기, 아스파라가스, 비-토, 찌카리, 부로코리, 사라리-, 키노코, 호우렌소우, 토마토, 카부, 니라, 다케노코, 렌콘 나도가 아리마스.

네, 무, 배추, 양배추, 상추, 당근, 오이, 가지, 호박, 감자, 고구마, 토란, 마늘, 양파, 대파, 아스파라거스, 비트, 치커리, 브로콜리, 셀러리, 버섯, 시금치, 토마토, 순무, 부추, 연근이 있습니다.

野菜類の 種類
야사이루이노 슈루이

야채류의 종류

大根 다이콘	白菜 하쿠사이	キャベツ 캬베쯔	レタス 레타스	人参 닌징
무	배추	양배추	상추	당근
胡瓜 큐우리	茄子 나스	南瓜 카보챠	じゃが芋 쟈카이모	薩摩芋 사쯔마이모
오이	가지	호박	감자	고구마
里芋 샤토이모	大蒜 닌니쿠	玉葱 타마네기	アスパラガス 아스파라가스	ビート 비-토
토란	마늘	양파	아스파라거스	비트
チカリ 찌카리	ブロコリ 브로코리	セロリー 세로리-	茸 키노코	ほうれん草 호우렌소우
치커리	브로콜리	셀러리	버섯	시금치
トマト 토마토	カブ 카브	韮 니라	竹の子 타게노코	蓮根 렌콘
토마토	순무	부추	죽순	연근
豆 마메	もやし 모야시	大豆 もやし 오오마메 모야시	枝豆 에다마메	いんげん豆 인겐 마메
콩	콩나물	대두 콩나물	풋콩	강낭콩
紫キャベツ 무라사키캇베쯔	セリ 세리	ゴマの葉 고마노 하	レタス 레타스	ねぎ 네기
보라색 양배추	미나리	깻잎	상추	파
唐辛子 돈카라시	ピーマン 피-망	パプリカ 파프리카	山芋 야마이모	牛蒡 고보우
고추	피망	파프리카	산마	우엉

生姜 쇼우가	オクラ 오쿠라	油菜葉 아부라나 하	野菜 야사이	蓬 요모기
생강	아욱과 식물	유채잎	야채	쑥
紫 さつまいも 무라사키 사쯔마이모	カリ フラワー 카리 후라와-	松茸 마쯔타케	竹筍 타케노코	クレソン 크레송
자색고구마	콜리 플라워	송이버섯	죽순	물냉이
ケール 게-루	山葵 와사비	小松菜 고마쯔하	葱 네기	春菊 슌기쿠
케일	고추냉이	어린소나무의 잎	파	쑥갓
芋 이모	そら豆 소라마메	椎茸 시이타게	ししとう 시시토우	紫蘇 시소
감자	잠두콩	표고버섯	푸른 고추	소엽
玉蜀黍 토우모로코시	水菜 미즈나	パセリ 파세리	青とうがらし 아오 토우카라시	エンドウ豆 엔도우 마메
옥수수	겨자과 야채	파슬리	파란 고추	완두콩

2. 野菜類の 用途は 何が ありますか?

야사이루이노 요우토와 나니가 아리마스카?

야채류의 종류는 무엇이 있습니까?

はい、キムチ、漬物類に使われる 野菜は 大根、白菜、キュウリ、玉ねぎ、ネギが あります。

하이, 키무찌, 쯔케모노루이니 쯔카와레루 야사이와 다이콘, 하쿠사이, 큐우리, 타마네기, 네기가 아리마스.

네, 김치, 절임류에 사용되는 야채는 무, 배추, 오이, 양파, 파가 있습니다.

煮物に 使われる ものは、大根、ニンジン、蓮根、里芋が あります。
니모노니 쯔카와레루 모노와 다이콘, 닌징, 렌콘, 사토이모가 아리마스.
조림으로 사용되는 것은 무, 당근, 연근, 토란이 있습니다.

薬味として 使われるのは 唐辛子、にんにく、しょうが、たまねぎ、わさびが あります。
야쿠미토시데 쯔카와레루노와 톤카라시, 닌니쿠, 쇼우가, 타마네기, 와사비가 아리마스.
양념으로 사용되는 것은 고추, 마늘 생강, 양파, 생강, 고추냉이가 있습니다.

煮て 食べるのは じゃがいも、さつまいも、里芋、カボチャ、トウモロコシが あります。
니테 타베루 모노와 쟈카이모, 사쯔마이모, 사토이모, 가보챠, 토우모로코시가 아리마스.
삶아서 먹는 것은 감자, 고구마, 토란, 호박, 옥수수가 있습니다.

ナムルで 食べるものは ほうれん草、豆もやし、ヨモギ、菜の葉が あります。
나무루데 타베루 모노와 호우렌소우, 마메모야시, 요모기, 나노하가 아리마스.
나물로 먹는 것은 시금치, 콩나물, 오일, 쑥갓, 유채잎이 있습니다.

肉、刺身と 一緒に 包んで 食べるのは サンチュ、ゴマの葉、ネギが あります。
니쿠, 사시미토 잇쇼니 쯔즌데 타베루노와 산츄, 고마노 하, 네기가 아리마스.
고기, 회와 함께 싸서 먹는 것은 상추, 깻잎, 파가 있습니다.

第 <ruby>第<rt>だい</rt></ruby>15<ruby>課<rt>か</rt></ruby>

<ruby>果物<rt>くだもの</rt></ruby>の <ruby>種類<rt>しゅるい</rt></ruby>は <ruby>何<rt>なに</rt></ruby>が ありますか?

쿠타모노노 슈루이와 나니가 아리마스카?

과일의 종류는 무엇이 있습니까?

果物の 種類は 何が ありますか?
쿠타모노노 슈루이와 나니가 아리마스카?

과일의 종류는 무엇이 있습니까?

---

1. 果物の 種類は 何が ありますか?
쿠다모노노 슈루이와 나니가 아리마스카?

과일의 종류는 무엇이 있습니까?

はい、りんご、梨、西洋梨、葡萄、桃、イチゴ、柿、みかん、オレンジ、グレフフルーツ、スモモ、アンズ、ざくろ、キウイ、メロン、マンゴー、パイナップル、レモン、ライム、アボカド、バナナ、チェリー、ココナッツ、いちじく、クランベリー、グースベリー、オリーブ、ファンションフルーツ、パパヤ、ブルーベリー、やまいちごが あります。

하이, 린고, 나시, 세이요우나시, 부도우, 모모, 이찌고, 카키, 미칸, 오렌지, 그레프후르-쯔, 스모모, 안즈, 자쿠로, 키우이, 메론, 만고-, 파이낫푸루, 레몬, 라이무, 아보카도, 바나나, 체리-, 코코낫쯔, 이찌지쿠, 쿠란베리-, 구-스 베리, 오리-부, 화션후루쯔, 파파야, 블루베리, 야마이찌고가 아리마스.

네, 사과, 배, 서양배, 포도, 복숭아, 딸기, 감, 귤, 오렌지, 자몽, 자두, 살구, 석류, 키위, 멜론, 망고, 파인애플, 모과, 레몬, 라임, 아보카도, 바나나, 체리, 코코넛, 크랜베리, 무화과, 구스베리, 리치, 올리브, 패션프루트, 파파야, 블루베리, 산딸기가 있습니다.

果物の 種類
쿠타모노노 슈루이

과일의 종류

りんご 링고	梨 나시	西洋梨 세이요우나시	葡萄 부도우	桃 모모
사과	배	서양배	포도	복숭아
イチゴ 이찌고	柿 카키	みかん 미칸	オレンジ 오렌지	グレフフルーツ 그레프후루-쯔
딸기	감	귤	오렌지	자몽
スモモ 스모모	アンズ 안즈	ざくろ 자쿠로	キウイ 키위	メロン 메론
자두	살구	석류	키위	멜론
マンゴー 망고-	パイナップル 파이낫푸루	カリン 카린	レモン 레몬	マクワウリ 마쿠와우리
망고	파인애플	모과	레몬	참외
アボカド 아보카도	バナナ 바나나	チェリ 체리-	ココナッツ 코코낫쯔	いちじく 이찌지쿠
아보카도	바나나	체리	코코넛	무화과
クランベリー 크란베리-	グースベリー 구-즈베리-	オリーブ 오리-브	ブルーベリー 브루-베리-	ファンション フルーツ 화션후루-쯔
크랜베리	구즈베리	올리브	블루베리	패션프루트
パパヤ 파파야	やま いちご 야마 이찌고	すいか 스이카	マクワウリ 마쿠와 우리	ビワ 비와
파파야	산딸기	수박	참외	비파

金柑 킨칸	梅 우메	さくらんぼ 이사쿠란보	ライム 라이무	プラム 프라무
금귤	매실	체리	라임	자두
さくらんぼ 사쿠람보	マンゴ スチン 망고 스틴	パッションフルーツ 파션후루−쯔	柚 유즈	スターフルーツ 스타−후르쯔
앵두	망고스틴	패션프루트	유자	스타프루트
ラズベリー 라스베리−	カシス (クロスグリ) 가시스(쿠로시구리)	すだち 스다찌		
라스베리	카시스	귤(초)		

第16課

こうしんりょう　しゅるい
ハーブと 香辛料 種類は
なに
何が ありますか?

하ー브토 코우신료우 슈루이와 나니가 아리마스카?
허브와 향신료의 종류는 무엇이 있습니까?

第16課

ハーブと 香辛料 種類は 何が ありますか?
하ー브토 코우신료우 슈루이와 나니가 아리마스카?

허브와 향신료의 종류는 무엇이 있습니까?

1. ハブは 何ですか?

하부와 난데스카?

허브는 무엇입니까?

はい、植物の 葉、柔らかい 部分を 乾燥して 使います。

하이, 쇼쿠부쯔노 하, 야와라카이 부분오 칸소우시테 쯔카이마스.

네, 식물의 잎, 부드러운 부분을 말려서 사용합니다.

2. ハブの 使用 目的は 何ですか?

하부노 시요우 모쿠테키와 난데스카?

허브의 사용 목적은 무엇입니까?

はい、医学的、食べ物の かおりを 目的として 使用します。

하이, 이가쿠테키, 다베모노노 카오리오 모쿠테키토 시테 시요우시마스.

네, 의학적, 음식물의 향(냄새)을 목적으로 사용합니다.

3. ハブの 種類は 何が ありますか?

하부노 슈루이와 나니가 아리마스카?

허브의 종류는 무엇이 있습니까?

はい、ディール、ローズマリー、ミント、マゾラム、バジル、ブケガニ、シャフラン、セルビア、オレガノ、月桂樹、チャービル、チャビーブ、パセリ、カパラム、コリアンダー、タラゴン、タイムが あります。

하이, 데이-루, 로-즈마리-, 민토, 마조라무, 바지루, 부케가니, 샤후란, 세루비아, 오레가노, 겟케이쥬, 차비-루, 차비-부, 파세리, 카파라무, 코리안다-, 타라곤, 타이무가 아리마스.

네, 딜, 로즈마리, 민트, 마저럼, 바질, 부케가니, 샤프란, 샐비어, 오레가노, 월계수, 처빌, 챠비브, 파슬리, 카퍼라임, 코리앤더, 타라곤, 타임이 있습니다.

ハブの 種類
하브노 슈루이

허브의 종류

ディール 데이-루	ローズマリー 로-즈마리-	ミント 민토	マゾラム 마조라무
딜	로즈마리	민트	마저럼
バジル 바지루	シャフラン 샤후란	セルビア 세루비아	オレガノ 오레가노
바질	샤프란	샐비어	오레가노
月桂樹 겟케이쥬	チャービル 차비-루	チャビーブ 차비-부	パセリ 파세리
월계수	처빌	챠비브	파슬리
カパラム 카파라무	ユリアンダー 코리안다-	タラゴン 타라곤	タイム 타이무
카퍼라임	코리앤더	타라곤	타임

4. 香辛料(スパイス)は 何ですか?
코우신료우(스파이스)와 난데스카?

향신료(스파이스)는 무엇입니까?

はい、植物の 種、幹、木の 皮、根を 丸ごと 粉を 作って 使う もの です。

하이, 쇼쿠부쯔노 타네, 미키, 키노 카와, 네오 마루고토 코나오 쯔쿳테 쯔카우 모노데스.

네, 식물의 씨, 줄기, 나무껍질, 뿌리를 통째로 가루를 만들어 사용하는 것 입니다.

5. 香辛料の 使用 目的は 何ですか?

코우신료우노 시요우 모쿠테키와 난데스카?

향신료의 사용 목적은 무엇입니까?

はい、消毒 効果、味の 向上、食べ物の 保管を 目的に 使用します。

하이, 쇼우도쿠 코오카, 아지노 코우조우, 다베모노노 호칸오 모쿠테키니 시요우시마스.

네, 소독 효과, 맛의 향상, 음식 보관을 목적으로 사용합니다.

6. 香辛料の 種類は 何が ありますか?

코우신료우노 슈루이와 나니가 아리마스카?

향신료의 종류는 무엇이 있습니까?

はい、グローブ、ガラムマサラ、ミント、ガランガル、ネットメグ、マーホラム、マスティック、メイスベルベニ、バニラ、スナニス、オルスパイス、アニス、ヤン・グィビ、ケッパー、キャラウェイ、キャラモン、ホルスラディッシュ、ジュニファーベリー、パプリカ、こしょう、テメリックが あります。

하이, 쿠로-부, 카라무 마사라, 민토, 가란가루, 넷토메구, 마-호라무, 마스티쿠, 메이스, 베루베니, 바니라, 스나니스, 오루 스파이스, 아니스, 얀 귀비산, 켓파-, 캬라웨이, 캬라몬, 호루스라딧슈, 쥬니화-베리-, 파푸리카, 코쇼우, 테메릿쿠가 아리마스.

네, 글로브, 가람마살라, 민트, 갈랑갈, 너트맥, 마홀람, 매스틱, 메이스 베르베니, 바닐라, 스나아니스, 올스파이스, 아니스, 양귀비씨, 케이퍼, 캐러웨이, 캐더몬, 홀스래디시, 주니퍼베리, 파프리카, 후추, 테메릭가 있습니다.

香辛料の 種類
코우신료우노 슈루이

향신료의 종류

グローブ 쿠로-부	ガラムマサラ 카라무마사라	ミント 민토	ガランガル 가란가루	ナッツメグ 낫쯔메구
글로브	**가람마살라**	**민트**	**갈랑갈**	**너트맥**
マーホラム 마-호라무	マスティック 마스티쿠	メイスベルベニ 메이스베루베니	バニラ 바니라	スナニス 스나니스
마홀람	**매스틱**	**메이스 베르베니**	**바닐라**	**스나아니스**
オル スパイス 오루 스파이스	アニス 아니스	ヤン・グィビ	ケッパー 켓파-	キャラウェイ 캬라웨이
올스파이스	**아니스**	**양귀비씨**	**케이퍼**	**캐러웨이**
キャラモン 캬라몬	ホルスラディッシュ 호루스 라디슈	ジュニファーベリー 쥬니화-베리-	パプリカ 파프리카	こしょう 코쇼우
캐더몬	**홀스래디시**	**주니퍼베리**	**파프리카**	**후추**

第 **17** 課
だい か

チーズの 種類は 何が
しゅるい　　なに
ありますか?

치즈노 슈루이와 나니가 아리마스카?
치즈의 종류는 무엇이 있습니까?

第17課

チーズの 種類は 何が ありますか?
치-즈노 슈루이와 나니가 아리마스카?

치즈의 종류는 무엇이 있습니까?

---

1. チーズの 種類は 何が ありますか?
치-즈노 슈루이와 나니가 아리마스카?

치즈의 종류는 무엇이 있습니까?

はい、牛乳の 種類に よって、牛乳チーズ、ヤギチーズ、ひつじチーズ、すいぎゅうチーズが あります。
하이, 큐우뉴우노 슈루이니 욧테, 큐우뉴우 치-즈, 야기 치-즈, 히쯔지 치-즈, 스이큐우 치-즈가 아리마스.

네, 우유의 종류에 따라 우유 치-즈, 염소유 치-즈, 양유 치-즈, 물소유 치-즈가 있습니다.

チーズの 状態に より、生チーズ、軟質、硬質、半径質チーズが あります。
치-즈노 죠우타이니 요리, 나마치-즈, 난시쯔, 코우시쯔, 한케이시쯔 치-즈가 아리마스.

치즈의 상태에 따라 생치-즈, 연질, 경질, 반경질 치-즈가 있습니다.

チーズの 種類
치-즈노 슈루이

치즈의 종류

牛乳チーズ 큐우뉴우 치-즈	ヤギチーズ 야기 치-즈	ひつじヤギチーズ 히쯔지 치-즈	すいぎゅうチーズ 스이큐우 치-즈
우유 치즈	염소 치즈	양 치즈	물소 치즈
生チーズ 나마 치-즈	軟質チーズ 난시쯔 치-즈	硬質チーズ 코우시쯔 치-즈	半径質チーズ 한게이시쯔 치-즈
생치즈	연질 치즈	경질 치즈	반경질 치즈

2. 生チーズは 何が ありますか?
나마치-즈와 나니가 아리마스카?

생치즈는 무엇이 있습니까?

はい、マスカルポーネ、モッツァレラ、リコタ、ペタ、プロマージュブランが あります。
하이, 마스카루포-네, 못쟈레라, 리코타, 페타, 푸로마-쥬브란가 아리마스.

네, 마스카르포네, 모차렐라, 리코타, 페타, 프로마주 블랑이 있습니다.

生チーズ
나마치-즈

생치즈

マスカルポー ネチーズ 마스카루포-네 치즈	モッツァレラ チーズ 못짜레라 치-즈	リュタチーズ 리코타 치-즈	ペタチーズ 페타치-즈	プロマージュ ブランチーズ 프로마쥬 브란치-즈
마스카르포네 치즈	모차렐라 치즈	리코타 치즈	페타 치즈	프로마주 블랑 치즈

3. 軟質チーズは 何が ありますか?

난시쯔 치-즈와 나니가 아리마스카?

연질 치즈는 무엇이 있습니까?

はい、カマンベール、ブリー、サンタモーレモール、マルワル、ラングリッチーズが あります。

하이, 카만베-루, 부리-, 산타모-레모-루, 마루와루, 란구릿치-즈가 아리마스.

네, 카망베르, 브리, 쌩뜨모르, 마르왈, 랑그리 치즈가 있습니다.

軟質チーズ

난시쯔 치-즈

연질 치즈

カマンベールチーズ 카만베-루치-즈	ブリーチーズ 브리치-즈	サンタモーレモールチーズ 산타모-레 치즈
카망베르 치즈	브리 치즈	쌩뜨모르 치즈
マルワルチーズ 마루와루 치즈	ラングリッチーズ 랑크릿 치즈	
마르왈 치즈	랑그리 치즈	

4. 半径質、半径チーズは 何が ありますか?

한게이시쯔, 한게이 치-즈와 나니가 아리마스카?

반경질, 경질 치즈는 무엇이 있습니까?

はい、ゴダ、チェダ、ルプアジュ、グリエル、サンテ、ペリコのロマーノ チーズが あります。

하이, 고다, 체다, 루푸아쥬, 그리에루, 산테, 페리코노 로마노 치-즈가 아리마스.

네, 고다, 체다, 르쁘아쥬, 그뤼에르, 샹떼, 페리코 로마노 치즈가 있습니다.

半径質、半径チーズ
はんけいしつ はんけい

한게이시쯔, 항게이치-즈

반경질, 경질 치즈

ゴダチーズ	チェダチーズ	ルプアジュチーズ
고다치-즈	체다치-즈	르푸아쥬치-즈
고다 치즈	**체다 치즈**	**르쁘아쥬 치즈**
グリエルチーズ	サンテチーズ	ペリュロマーノ チーズ
그리엘 치-즈	산테 치즈	페리코 모-마치즈
그뤼에르 치즈	**샹떼 치즈**	**페리코 로마노 치즈**

5. 青かび チーズは 何が ありますか?
   あお　　　　　　　　　なに

   아오카비 치-즈와 나니가 아리마스카?

   푸른곰팡이 치즈는 무엇이 있습니까?

   はい、ゴルゴンゾラ、ステルデン、カブラレス チーズが あります。

   하이, 고루곤조라, 스테루덴, 카부라레스 치-즈가 아리마스.

   네, 고르곤졸라, 스텔덴, 까브랄레스 치즈가 있습니다.

6. ヤギ チーズは 何が ありますか?
   　　　　　　　　　なに

   야기치-즈와 나니가 아리마스카?

   염소젖 치즈는 무엇이 있습니까?

   はい、シャブル、ピットモール、ペタ、ビュッシュドシェブルチーズが
   あります。

   하이, 샤부루, 핏토 모-루, 페타, 뷰슈도 쉐부루 치-즈가 아리마스.

   네, 샤브루, 쌩뜨모르, 페타, 뷔슈드 쉐브르 치즈가 있습니다.

7. 加工 チーズは 何が ありますか?

카코우 치-즈와 나니가 아리마스카?

가공치즈는 무엇이 있습니까?

はい、粉末チーズ、燻製チーズが あります。

하이, 훈마쯔 치-즈, 쿤세이 치-즈가 아리마스.

네, 분말치즈, 훈제치즈가 있습니다.

第18課

食べ物の 種類は 何が ありますか?

다베모노노 슈루이와 나니가 아리마스카?

음식의 종류는 무엇이 있습니까?

第18課

食べ物の 種類は 何が ありますか?
다베모노노 슈루이와 나니가 아리마스카?

음식의 종류는 무엇이 있습니까?

---

1. 食べ物の 種類は 何が ありますか?
다베모노노 슈루이와 나니가 아리마스카?

음식의 종류는 무엇이 있습니까?

はい、色々な 食べ物が あります。
하이, 이로이로나 다베모노가 아리마스.

네, 여러 가지 음식이 있습니다.

食べ物の 種類
다베모노노 슈루이

음식물의 종류

色々な 食べ物 이로이로나 다베모노	冷たい 食べ物 쯔메타이 다베모노	温かい 食べ物 아타다카이 다베모노	うどん 우동
여러 가지 음식	차가운 요리	따뜻한 음식	우동
お寿司 오스시	カレーライス 카레-라이즈	ハンバーグ 함바-그	やきそば 야끼소바
초밥	카레라이스	햄버거	메밀국수 볶음

ラーメン 라-멘	豚カツ 톤카쯔	すき焼き (しゃぶしゃぶ) 스키야키(샤브샤브)	そうめん 소우멘
라면	돈가스	샤부샤부	소면
天ぷら 텐푸라	パン 빵	お好み焼き 오고노미 야끼	卵の料理 다마고노 료우리
튀김	빵	오코노미야키	달걀의 요리
シュークリーム 슈-크리-무	焼き鶏 야끼토리	魚料理 사카나 료우리	ピザ 피자
슈크림	구운 닭	생선요리	피자
お鍋 오나베	豆腐料理 토우후 료우리	スープ 스-프	トマトソース 토마토 소-스
냄비	두부 요리	수프	토마토 소스
おかゆ 오가유	コロッケ 고롯께	たこ焼き 타고야끼	そば 소바
죽	크로켓	문어빵	메밀국수
ドンブリ 돈부리	茶漬 오자쯔케	パフェ 파르페	アイスユーヒー 아이스코-히-
덮밥	냉차밥	파르페	아이스커피
アイスクリーム 아이스쿠리-무	氷水 코오리미즈	抹茶プディング 맛차 푸딩그	ムースケーキ 무-스케-키
아이스크림	얼음물	말차푸딩	무스 케이크
クッキー 쿳키-	パウンドケーキ 파운도케-키	クルミタルト 쿠루미 타루토	タルトケーキ 타루토케-키
쿠키	파운드케이크	호두 타르트	타르트 케이크
シュークリーム 슈-크리-무	チョコレート 초코레-토	ガム 가무	飴 아메
슈크림	초콜릿	껌	사탕
せんべい (クッキー) 센베이(쿠키-)	カステラケーキ 카스테라케-키	モンブランケーキ 몽블랑케-키	和菓子 와가시
센베이(쿠키)	카스텔라 케이크	몽블랑 케이크	일본 과자(화과자)

第19課

飲み物 の 種類は 何が
ありますか?

노미모노노 슈루이와 나니가 아리마스카?

음료의 종류는 무엇이 있습니까?

第19課

飲み物 の 種類は 何が ありますか?
노미모노노 슈루이와 나니가 아리마스카?
음료의 종류는 무엇이 있습니까?

---

1. ### 飲み物 の 種類は 何が ありますか?
   노미모노노 슈루이와 나니가 아리마스카?
   음료의 종류는 무엇이 있습니까?

   はい、緑茶、白茶、黄茶、青茶、紅茶、黒茶、日本茶、抹茶、麦茶、ほうじ茶、玄米 緑茶、コーヒーが あります。
   하이, 료쿠차, 시로차, 코우차, 아오차, 코오차, 쿠로차, 니혼차, 맛차, 무기차, 호우지차, 겐마이 료쿠차, 코-히-가 아리마스.
   네, 녹차, 백차, 황차, 청차, 홍차, 흑차, 일본차, 말차, 보리차, 호지차, 현미 녹차, 커피가 있습니다.

   ### 飲み物
   노미모노
   음료

緑茶	白茶	黄茶	青茶
료쿠차	시로차	코우차	아오차
녹차	백차	황차	청차

日本茶 니혼차	玄米緑茶 겐마이료쿠차	抹茶 맛차	麦茶 무기차
일본차	현미 녹차	말차	보리차
ほうじ茶 호우지차	紅茶 코우차	ユーヒ 코-히	トマト ジュース 토마토 쥬-스
보이차	홍차	커피	토마토 주스
イチゴ ジュース 이찌고 쥬-스	オレンジ ジュース 오렌지 쥬-스	リンゴ ジュース 링고 쥬-스	ユユア 코코아
딸기 주스	오렌지 주스	사과 주스	코코아
ウーロン茶 우-론차	炭酸飲料 탄산 인료우	梅茶 우메차	ミネラル ウォータ 미네라루 워-타
우롱차	탄산음료	매실차	생수
水 미즈	氷水 코오리미즈	熱湯 아쯔유	発泡酒 핫포우슈
물	얼음물	뜨거운 물	발포주
ユーラ 코-라	サイダー 사이다-	牛乳 큐우뉴우	
콜라	사이다	우유	

2. 何が 飲みたいですか?
나니가 노미 타이데스카?

무엇이 마시고 싶습니까?

はい、おビールが 飲み たいです。
하이, 오비-루가 노미타이데스.

네, 맥주를 마시고 싶습니다.

3. 何が 飲みたいですか？

나니가 노미타이데스카?

무엇이 마시고 싶습니까?

はい、日本酒が 飲みたいです。

하이, 니혼슈가 노미다이데스.

네, 일본 술이 먹고 싶습니다.

4. お酒は 何が ありますか？

오사케와 나니가 아리마스기?

술은 무엇이 있나요?

はい、お酒は、日本酒、ウィスキー、ビール、焼酎、清酒、マッコリ、ワイン、カクテル、梅酒、発泡酒、水割り ウイスキーが あります。

하이, 오사케와 니혼슈, 위스키-, 비-루, 쇼우쥬우, 세이슈, 맛코리, 와인, 카쿠테루, 우메슈, 핫포우슈, 미즈와리 위스키가 아리마스.

네, 술은 일본 술, 위스키, 맥주, 소주, 정종, 막걸리, 와인, 칵테일, 매실주, 발포주, 물에 탄 위스키가 있습니다.

5. どんな お酒が 好きですか？

돈나 오사케가 스키데스카?

어떤 술을 좋아합니까?

はい、ワイン、ビール、お酒、焼酎(○○)が 好きです。

하이, 와인, 비-루, 오사케, 쇼우쥬우가 스키데스.

네, 와인, 맥주, 일본 술, 소주(○○)를 좋아합니다.

お酒の 種類
오사케노 슈루이

술의 종류

お酒 오사케	日本酒 니혼슈	ウィスキー 위스키-	ビール 비-루
술	일본 술(정종)	위스키	맥주
焼酎 쇼주	清酒 세이슈	マッコリ 맛코리	ワイン 와인
소주	청주	막걸리	와인
カクテル 카구테루	梅酒 우메슈	水割 ウィスキー 미즈와리 위스키-	青森焼酎 아오모리쇼우쥬우
각테일	매화주	물에 탄 위스키	아오모리 소주
ラガービール 라가-비-루	黒ビール 쿠로비-루	冷酒 레이슈	あつかん 아쯔캉
라거 맥주	흑맥주	차가운 청주	뜨거운 청주

ウィスキー、黒ビール(○○)を 一杯ください。
위스키-, 쿠로비-루오 잇파이 쿠다사이.

위스키, 흑맥주를 한잔을 주세요.

厨房<ちゅうぼう>設備<せつび>、洗浄<せんじょう>、作業<さぎょう>機器<きき>の種類<しゅるい>は 何<なに>が ありますか?

쥬우보우 세쯔비, 센죠우, 사교우 키키노 슈루이와
나니가 아리마스카?

주방 설비, 세정, 작업기기의 종류는
무엇이 있습니까?

第20課

厨房設備、洗浄、作業 機器の 種類は 何が
ありますか?

쥬우보우 세쯔비, 센죠우, 사교우 키키노 슈루이와 나니가 아리마스카?

주방 설비, 세정, 작업기기의 종류는 무엇이 있습니까?

---

1. 厨房設備、洗浄、作業機器は 何が ありますか?

쥬우보우 세쯔비, 센죠우, 사교우키키와 나니가 아리마스까?

주방 설비, 세정, 작업기기는 무엇이 있습니까?

はい、基本設備は 冷凍冷蔵庫、食器洗浄機、回転釜、スチーム、コ
ンベクションオーブン、コンロ、作業台、調理台シンク、流し台、飲食物
の粉砕機、燻製機器、真空包装器、キャビネットなどが あります。

하이, 키혼세쯔비와 레이토우 레이조우코, 쇼키센조우키, 카이텐카마, 스찌-무, 콘베쿠숀 오-븐,
콘로, 사교우다이, 죠우리다이신쿠, 나가시다이, 인쇼쿠부쯔노 훈사이키, 쿤세이키키, 신쿠우 호
우소우키 캬비넷토나도가 아리마스.

네, 냉동냉장고, 식기세척기, 회전밥 솥, 스팀, 컨벡션 오븐, 콘로, 작업대,
조리대, 싱크, 싱크대, 캐비닛 등이 있습니다.

厨房設備

주유보우 세쯔비

주방 설비

作業台	流し台	食器 洗い機
사교우다이	나가시다이	숫키 아라이키
작업대	싱크대	식기 세척기
飲食物の 粉砕機	燻製機器	真空包装器
인쇼쿠부쯔노 훈사이키	쿤세이키키	신코우 호우소우키
음식물 분쇄기	훈제기기	진공 포장기

2. 厨房機器、設備は 何が ありますか?

쥬우보우키키, 세쯔비와 나니가 아리마스까?

주방기기, 설비는 무엇이 있습니까?

はい、炊飯器、保温ジャー、オーブン、レンジ、コンロ、冷蔵庫、冷凍庫、製氷機械、ショーケース、フライヤー、ゆで麺機、餃子焼機、焼物用品、釜めし、ビビンバコンロ、燻製、シンク用品、作業台、キッチン収納、スライサーが あります。

하이, 스이한키, 호온쟈-, 오-븐, 렌지, 콘로, 레이조우코, 레이토우코, 세이효우키카이, 쇼-케-스, 후라이야-, 유데멘키, 교-쟈야키키, 야키모노요우힝, 카마메시, 비빈바콘로, 쿤세이키, 신쿠요우힝, 사교우다이, 킷친 슈우노우, 스라이사-가 아리마스.

네, 밥솥, 보온자, 오븐, 레인지, 콘로, 냉장고, 냉동고, 제빙기, 진열장, 프라이어, 삶은 면기, 만두 굽는 기계, 굽기 용품, 비빔밥 풍로, 훈제, 싱크용품, 작업대, 주방 수납기, 슬라이서가 있습니다.

厨房機器、設備
쥬우보우키키, 세쯔비

주방기기, 설비

炊飯器 스이한키	保温ジャー 호온쟈-	オーブン 오-븐	レンジ 렌지
밥솥	보온자	오븐	렌지
ユンロ 콘로	冷蔵庫 레이조우코	冷凍庫 레이토우코	製氷機械 세이효우키카이
풍로	냉장고	냉동고	세빙기계
ショーケース 쇼-케-스	フライヤー 후라이야-	ゆで麺機 유데멘키	餃子焼機 교-자야키키
쇼케이스	튀김기	면 삶는 기계	만두 굽는 기계
焼物用品 야키모노요우힝	釜めし機 카마메시키	ビビンバユンロ 비빈바콘로	燻製機 쿤세이키
굽는 용품	밥솥	비빔밥 풍로	훈제기
シンク 用品 신쿠 요우힝	作業台 사교우다이	キッチン 収納 킷친 슈우노우	スライサー 스라이사-
싱크 용품	작업대	키친 수납	슬라이서

3. 加熱機は 何が ありますか?
카네쯔키와 나니가 아리마스카?

가열용 기기는 무엇이 있습니까?

はい、オーブン、電子レンジ、グリル、ファングリル、サラマンダー、ディップフライヤー、ライス クーカー、スチーム機が あります。

하이, 오븐, 덴시렌지, 구리루, 환구리루, 사라만다-, 디푸 후라이야-, 라이스 쿠- 카-, 스찌-무 키가 아리마스.

네, 오븐, 전자레인지, 그릴, 팬 그릴, 그릴러, 살라만더, 튀김기, 밥통, 스팀기가 있습니다.

加熱機
가네쯔키

가열기

オーブン 오-븐	電子レンジ 덴시렌지	グリル 그리루	ファングリル 환그리루
오븐	전자레인지	그릴	팬 그릴
サラマンダー 사라만다-	ディップ フライヤー 디푸후라이야-	ライス クーカー 라이스 쿠-카-	スチーム機 스찌-무 키
살라만더	깊은 튀김기	밥통	스팀기

4. オーブンの 種類は 何が ありますか?
오븐노 슈루이와 나니가 아리마스카?

오븐의 종류는 무엇이 있습니까?

はい、テグオーブン、コンバックションオーブン、ロータリーオーブン、マイクロオーブンが あります。

하이, 테구 오-븐, 콘밧쿠숀 오-븐, 로-타리- 오-븐 마이쿠로 오-븐가 아리마스.

네, 데크 오븐, 컨벡션 오븐, 로터리 오븐, 마이크로 오븐이 있습니다.

オーブンの 種類
오븐노 슈루이

오븐의 종류

テグオーブ 테그오-브	コンバックション オーブン 콘밧쿠션오-븐	ロータリーオーブン 로-타리-오-븐	マイクロオーブン 마이크로오-븐
데크 오븐	컨벡션 오븐	로터리 오븐	마이크로 오븐

5. 切断用 機器は 何が ありますか?
세쯔단요우 키키와 나니가 아리마스카?

절단용 기기는 무엇이 있습니까?

はい、サマーシーン、スライス、フード プロセッサ、ロボコフ、ミートミンサー、ブレッド スラシスが あります。
하이, 사마-시-인, 스라이스, 후-도 푸로셋사, 로보 코후, 미-토 민사-, 부렛트 스라시즈가 아리마스.

네, 서머신, 슬라이서, 야채 슬라이서, 푸드 프로세서, 로보콥, 육절기, 빵 슬라이서가 있습니다.

切断用 機器
세쯔단요우 키키

절단용 기기

サマーシーン 사마-신	スライス 스라이스	野菜 スライス 야사이 스라이스	フードプロセッサ 후-도 프로셋사
서머신	슬라이서	야채 슬라이서	푸드 프로세서
ロボユフ 로보코후	ミートミンサー 미-토 민사-	ブレッド スライス 브렛드 스라이스	
로보콥	육절기	빵 슬라이서	

6. 混合用·機器は·何が·ありますか?

콘고우요우 키키와 나니가 아리마스카?

혼합용 기기는 무엇이 있습니까?

はい、テーブルミキサー、スタンドミキサー、ブレンダーが あります。

하이, 테-부루 미키사-, 스탄도 미키사-, 부렌다-가 아리마스.

네, 테이블 믹서, 스탠드 믹서, 블렌더가 있습니다.

7. 成形用 機器は 何が ありますか?

세이케이요우 키키와 나니가 아리마스카?

성형용 기기는 무엇이 있습니까?

はい、ハンバーガープレス、サポーター、プルーフボックス、パスタ マシン、ワッフル マシンが あります。

하이, 한바-가 푸레스, 사포-타- 푸루-후 봇쿠스, 파스타 마신, 왓푸루 마신가 아리마스.

네, 햄버거 프레스, 반죽시팅 기계, 발효실, 파스타 기계, 와플 기계가 있습니다.

成形用 機器

세이케이요우 키키

성형용 기계

ハンバーガー プレス 한바-가 푸레스	サポーター 사포-타-	プルーフボックス 푸루-후 봇쿠스	パスタ マシン 파스타 마신	ワッフル マシン 왓후루 마신
햄버거 프레스	반죽시팅 기계	발효실	파스타 기계	와플 기계

8. 冷蔵、冷凍機械は 何が ありますか?

레이조우, 레이토우키와 나니가 아리마스카?

냉장, 냉동기기는 무엇이 있습니까?

はい、冷蔵庫、冷凍庫、タンケイス、ショーケース、サンドイッチ テーブル、バトルクーラー、ミルク セイカー、ジュース機械が あります。

하이, 레이조우코, 레이토우코, 탄케이스, 쇼-케에스, 산도잇찌 테-부루, 바토루 쿠-라-, 미루쿠 세이카- 쥬우스키카이 아리마스.

네, 냉장고, 냉동고, 탱케이스, 쇼케이스, 샌드위치 테이블, 바틀쿨러, 밀크 세이크, 주스 기계가 있습니다.

冷蔵、冷凍 機械

레이조우, 레이토우 키카이

냉동, 냉장 기계

冷蔵庫 레이조우코	冷凍庫 레이토우코	タンケイス 탄케이스	ショーケース 쇼-케이스
냉장고	냉동고	탱케이스	쇼케이스
サンドイッチ テーブル 산도잇찌테-부루	バトルクーラー 바토루쿠-라-	ミルク セイカー 미루쿠 세이카-	ジュース機械 쥬-스 키카이
샌드위치 테이블	배틀 쿨러	밀크 세이크	주스 기계

9. 保温 容器は 何が ありますか?

호온 요우키와 나니가 아리마스카?

보온 용기기는 무엇이 있습니까?

はい, カップウマー, ディッシュウォマーが あります。

하이, 캇푸 우마-, 디슈워마-가 아리마스.

네, 컵워머, 디쉬워머가 있습니다.

10. 移動用 機器は 何が ありますか?

이도우요우 키키와 나니가 아리마스카?

이동용 기기는 무엇이 있습니까?

はい、ベンキトロリー、キーッウェガン、ベゲジトロリーが あります。

하이, 벤킨토로리-, 킷- 베칸, 베게지토로리-가 아리마스.

네, 벵킷트롤리, 키칠웨건, 베게지트롤리가 있습니다.

11. 消毒用 機器は 何が ありますか?

쇼우도쿠요우 키키와 나니가 아리마스카?

소독용 기기는 무엇이 있습니까?

はい、ステレライズが あります。

하이, 스테레라이즈가 아리마스.

네, 스텔레라이즈가 있습니다.

12. 調理スライサー 機械は 何が ありますか?

죠우리 스라이사- 키카이와 나니가 아리마스까?

조리 슬라이서 기계는 무엇이 있습니까?

はい、フードプロセッサー、万能調理 機械、野菜スライサー、ネギ切り 機械、千切り 機械、おろし 機械、ツマ切り 機械、ミジン切り機械 、ハムスライサー、ミートチョッパー、その他 専用カッター類が あります。

하이, 후-도 푸로셋사, 반노우죠우리키카이, 야사이스라이사-, 네기키리 키카이, 센기리키카이, 오로시키카이, 쯔마키리 키카이, 미진키리 키카이, 하무스라이사-, 미-토초파-, 소노 타 센요우캇타아루이가 아리마스.

네, 믹서기, 만능조리기계, 야채 슬라이서, 파 자르는 기계, 잘게 자르는 기계, 강판 기계, 가는 무채 써는 기계, 잘게 자르는 기계, 햄 슬라이서, 고기 초퍼, 기타 전용 커터류가 있습니다.

調理 スライサー
죠우리 스라이샤–

조리 슬라이서

フードプロセッサ ー 후–도 푸로셋사– 믹서기	方能調理 機械 반노우죠우리키카이 만능조리기계	野菜 スライサー 야사이 스라이사– 야채 슬라이서	ネギ切り 機械 네기키리 키카이 파 자르는 기계
千切り 機械 센기리 키카이 잘게 자르는 기계	おろし 機械 오로시 키카이 강판 기계	ツマ切り 機械 쯔마키리 키카이 가는 무채 써는 기계	ミジン切り 機械 미진키리 키카이 잘게 자르는 기계
ハム スライサー 하무 스라이사– 햄 슬라이서	ミートチョッパー 미–토초파– 고기초퍼		

13. 喫茶用品は 何が ありますか?

킷사 유우힝와 나니가 아리마스카?

다방 용품은 무엇이 있습니까?

はい、コーヒーマシン、コーヒー 用品、エスプーマ、ブレンダー、ミキサー、ジュース・ドリンクディスペンサー、アイスクリーム 機械、かき氷 機械が あります。

하이, 코–히 마신, 코–히요우힝, 에스 푸–마, 에스 푸–마, 미키사–, 쥬–스 도린쿠디스펜사–, 아이스쿠리–무 키카이, 카키고오리 키카이가 아리마스,

네, 커피 머신 커피용품, 에스푸마 블렌더 믹서, 주스 드링크 디스펜서, 아이스크림, 빙수 기계가 있습니다.

喫茶用品
킷샤 요우힝

다방 용품

ユーヒー マシン 코-히- 마신	ユーヒー 用品 코-히- 요우힝	エスプーマ 에스 푸-마	ブレンダー 브렌다-
커피기계	커피용품	에스푸마	블렌더
ミキサー 미키사-	ジュース・ドリンクディスペンサー 쥬-스 도린쿠디스펜사	アイスクリーム 機械 아이스쿠리-무 기카이	かき氷 機械 카키코오리 키카이
믹서	주스 기계	아이스크림 기계	빙수 기계

14. **製菓製パン 機械は 何が ありますか?**
    세이카세팡 키카이와 나니가 아리마스까?

    제과제빵 용품은 무엇이 있습니까?

    はい、製菓 製パン機械は ミキサー、オーブン、発酵室、パイロラ、冷凍冷蔵庫、作業台, フライヤー、モルダー、成型機、分割機、ガスこんろ などがあります。
    하이, 세이카 세이팡 키카이와 미키사-, 오븐, 핫코우시쯔, 파이로라, 레이토우 레이조우코,
    사교우다이, 후라이야-, 모루다-, 세이케이키, 분카쯔키, 가스곤로 나도가 아리마스.

    네, 제과 제빵기계는 믹서, 오븐, 발효실, 파이로라, 냉동냉장고, 작업대,
    플라이어, 몰더, 성형기, 분할기, 가스곤로 등이 있습니다.

製菓製パン 機械
세이카세이팡 키카이

제과제빵 기계

ミキサー 미키사-	オーブン 오-븐	発酵室 핫코우시쯔	パイロラ 파이로라	冷凍 冷蔵庫 레이토우 레이조우코
믹서	오븐	발효실	파이로라	냉동 냉장고

作業台 사교우다이	フライヤー 후라이야–	モルダー 모루다–	成型機 세이게이키	分割機 분가쯔키
작업대	튀김기	몰더	성형기	분할기

15. 製菓製パン小物は 何が ありますか？

세이카세이팡 코모노와 나니가 아리마스까?

제과제빵 소도구는 무엇이 있습니까?

はい、ボール、はさみ、めんぼう、ゴム 杓子、木の 杓子、泡立てき、天板、シリコンマット、デコレーター、絞り袋、スパチュラ、チョコレート用品、ハケ、フレキシブルモルド、天板型、パテ抜、クッキー抜型、モルド・カップ、ラッピング、販売トレー、バスケット、POP、和菓子 用品、アメ細工類、ワゴン、棚、専用カート類、キッチンワゴン、カート、キャスター、洗浄用 ラックが あります。

하이, 보우루, 하사미, 멘보우, 고무샤쿠시, 키노 샤쿠시, 아와타테기, 텐반, 시리콘맛토, 데코레에타야, 시보리부쿠로, 스파추라, 초코레이토우요우힝, 하케, 후레키시부루모루 도 텐반가타, 파테누키, 쿳키–누키가타, 모루도, 캇푸, 랏핀구, 한바이토레에, 바스켓토, 피이오오피이, 와가시 요우힝, 아메자이쿠 루이, 타나, 와곤, 타나, 쉐루후, 센요우카–토루이, 킷친와곤, 카–토, 캬스타. 센조우요우 랏쿠가 아리마스.

네, 볼, 가위, 밀대, 고무주걱, 나무주걱, 거품기, 철판, 실리콘 매트, 데커레이터, 짤주머니, 스패츌러, 초콜릿 용품, 붓, 고무주걱, 플렉시블 몰드, 철판 틀, 반죽 몰더, 쿠키 찍는 틀, 몰드, 래핑, 판매 쟁반, 바구니, POP, 일본식 과자용품, 설탕 세공류, 선반 전용카드류, 주방왜건, 카트, 캐스터, 세척 랙이 있습니다.

製菓製パン 小物
세이카세이팡 코모노
제과제빵 소도구

ボール 보-루	はさみ 하사미	めんぼう 멘보우	ゴム 杓子 고무 샤모지	木の 杓子 키노 샤모지
볼	가위	밀대	고무 주걱	나무 주걱
泡立てき 아와타데	天板 텐반	シリコン マット 시리콘 맛토	デュレーター 테코레-타-	絞り袋 시보리후쿠로
거품기	철판	실리콘 매트	데커레이터	짤주머니
スパチュラ 스파츄라	チョコレート 用品 초코레-토 요우힝	ハケ 하케	ゴムヘラ 고무 헤라	フレキシブル モルド 후레키브루모루도
스패츌러	초콜릿 용품	붓	고무 주걱	플렉시블 몰드
天板型 텐반카타	パテ抜 파테 누키	クッキー 抜型 쿳키- 누키가카	モルド 모루도	カップ 캇프
철판 틀	반죽 몰더	쿠키 찍는 틀	몰드	컵
ラッピング 랏핑그	販売 トレー 한바이 토레-	バスケット 바스켓토	POP 폽	和菓子 用品 와가시 요우힝
포장(래핑)	판매 쟁반	바구니	팝	일본 과자 용품
アメ細工類 아메사이쿠루이	ワゴン 와곤	棚 타나	シェルフ 세루프	専用カート類 센요우카-토루이
설탕 공예품	쟁반	선반	셀프대	전용 카드류
キッチン ワゴン 키친 와곤	カート 카-토	キャスター 카스타-	洗浄用 ラック 센죠우요우 랏크	
주방 쟁반	카드	캐스터	세척용 랙	

16. 厨房 用品は 何が ありますか?

쥬우보우 요우힝와 나니가 아리마스카?

주방용품은 무엇이 있습니까?

はい、鍋類、トレー、お盆、フライパン、グリルパン、ガストロノーム
パン・ホテルパン、バット・番重、コンテナ食缶、給食 道具、キッ
チンポット、保存容器 調理、ボール、ザル、漬物、米びつ、庖丁、ナ
イフ、砥石、まな板、庖丁差、殺菌庫、そば 用品、うどん 用品、パス
タ 用品、蒸し器、中華 揚げ物 用品が あります。

하이, 나베루이, 토레-, 오봉, 후라이판, 구리루판, 가스토로노-무판, 호테루판, 밧토, 반슈우, 콘테나, 쇼쿠칸, 큐우쇼쿠도우구, 킷친 폿토, 호존요우키 죠우리, 보-루, 자루, 쯔케모노, 코메비쯔, 호우죠우, 나이후, 토이시, 마나이타, 호우초우사, 삿킨코, 소바, 우돈, 파스타요우힝, 무시키, 쥬우카, 아게모노 요우힝가 아리마스.

네, 냄비류, 쟁반, 프라이팬, 그릴 팬, 가스트로놈팬, 호텔빵, 배트, 번중, 컨테이너식통, 급식 도구, 주방 보트, 보존 용기 조리, 볼, 잘, 절임, 쌀비, 식칼, 식칼, 숫돌, 콩나물, 식칼, 살균고, 메밀국수, 우동, 파스타 용품, 찜기, 중화 튀김 용품이 있습니다.

厨房 用品
쥬우보우 요우힝

주방용품

鍋類 나베루이	トレー 토레-	お盆 오봉	フライパン 후라이팡	グリルパン 그리루팡
냄비류	트레이	쟁반	후라이팬	그릴팬
ガストロノー ムパン 가스토로노-무팡	ホテルパン型 호테루팡 카타	バット 밧토	番重 반쥬우	コンテナ食缶 콘테나쇼캉
가스트로놈팬	호텔빵팬	사각틀	상자통	콘테나 식통

給食道具 큐우쇼쿠 도우구	キッチンポット 킷친폿토	保存 容器 호존 요우키	ボール 보-루	ザル 자루
급식 도구	키친포트	보존 용기	볼	소쿠리
漬物 쯔게모노	菜びつ 코메비쯔	庖丁 호우쵸우	ナイフ 나이프	砥石 도이시
절임	쌀통	식칼	칼	숫돌
まな板 마나이타	庖丁差 호우쵸우사	殺菌庫 삿킨코	そば用品 소바 요우힝	うどん用品 우동 요우힝
도마	칼집	살균고	메밀 용품	우동 용품
パスタ 用品 파스타 요우힝	蒸し器 무시키	中華 用品 쥬우카 요우힝	揚げ物 用品 아케모노 요우힝	
파스타 용품	찜기	중화 용품	튀김 용품	

17. 調理 小物は 何が ありますか?

죠우리 코모노와 나니가 아리마스까?

조리 소도구는 무엇이 있습니까?

はい、うらごし、篩、スープ桶、みそこし、レードルトング、ターナー、泡立、調味料 容器、すり鉢、和食用 小物、抜型、細工用品、皮むき、玉子切、チーズ切、バター切、肉用品、ハサミ、缶切類、はかり、タイマー、計量カップ、温度計、湿度計、濃度計、塩素計 類があります。

하이, 우라고시, 후루이, 스-프, 미소코시, 레-도루 톤구, 타-나-, 아와타테, 죠우미료우 요우키, 로-토, 오로시가네, 스리하찌, 와쇼쿠요우 코모노, 누키가타, 사이쿠요우힝, 카와무키, 타마고키레, 치-즈, 바타-, 니쿠요우힝, 하사미, 센누키, 칸키리루이, 하카리, 타이마-, 게이료우 캇프, 온도 케이, 시쯔도 케이, 노우도 케이, 엔소케이루이가 아리마스.

네, 거름망, 체, 수프 통, 된장 체, 레들, 집게, 터너, 거품기, 조미료 용기, 양념 절구, 일식용 소품, 찍는 틀, 세공 용품, 껍질 벗기는 것, 달걀 자르는 것, 치즈, 버터, 육고기 용품, 가위·캔 따개, 저울, 시계, 계량컵 온도계, 습도계, 농도계, 염소계류가 있습니다.

調理 小物
죠우리 코모노

조리 소도구

うらごし 우라고시	篩 후루이	スープ桶 스-프오게	みそこし 미소코시	皿 사라
거름망	체	수프통	된장 거름통	접시
ターナー 타나	泡立 아와타데	調味料 容器 죠우미료우 요우키	すり鉢 스리하찌	洋式用 小物 요우시키요우 코모노
선반	거품기	조미료 용기	절구통	양식용소품
抜型 누키카타	細工用品 사이쿠 요우힝	皮むき 카와무키	玉子切り 타마고키리	チーズ切り 치-즈키리
찍는 틀	세공용품	껍질 벗기기	달걀 자르는 것	치즈 자르는 것
肉用品 니쿠요우힝	ハサミ 하사미	缶切類 캉키루 루이	タイマー 타이마-	しゃく 샤쿠
고기용품	가위	통조림 자르는 류	타이머	국자
計量カップ 게이료우캇프	温度計 온도게이	湿度計 시쯔도게이	濃度計 노우도게이	塩素計類 엔소게이류이
계량컵	온도계	습도계	농도계	염소계류

18. 調理用 小道具は 何が ありますか？
죠우리요우 코도우구와 나니가 아리마스카？

조리용 소도구는 무엇이 있습니까？

はい、ステンレス 製品類，あみ類，泡立て器，乾き物，計量
製品類，しおれ，かご，いわし缶，ミキシングボール，スクー
プ，杓子鍋用小品，調理用スプーン，網，スプーン類，調理
用小物、鍋，杓子類が あります。

하이, 스텐레스 세이힝루이, 아미루이, 아와타테키, 카와키모노, 케이료우세이힝루이, 시오레,
카고, 이와시칸, 미키신구보-루, 스쿠-푸, 샤쿠시 나베요우쇼우힌, 죠우리요우 스-픈, 아미,
미키신구보-루, 스픈-루이, 죠우리유우 고모노, 나베, 샤쿠시루이가 아리마스.

네, 스테인리스 제품류, 거름망 류, 거품기, 말리는 도구, 계량 제품류,
뒤집개, 바구니, 멸치통, 믹싱볼, 스쿱, 조리용 국자, 조리용 소품, 조리용
스푼, 집계류, 채망, 믹싱볼, 스푼류, 양념통(병), 조리용 소품, 주걱, 집게류
등이 있습니다.

料理の 小道具
료우리노 코도우구

요리의 소도구

ステンレス 製品類	あみ類	泡立て器	乾き物
스텐레스 세이힝루이	아미루이	아와타테키	카와키모노
스테인리스 제품류	거름망류	거품기	말리는 도구
しおれ	かご	いわし缶	ミキシング ボール
시오레	카고	이와시칸	믹싱그 보-루
뒤집개	바구니	멸치통	믹싱 볼
スクープ	杓子鍋用小品	調理用 スプーン	網
스쿠-푸	샤쿠지요우 쇼우힌	죠우리 스-픈	아미
스쿱	국자 냄비용 소품	조리용 스푼	그물
スプーン類	調理用 小物	鍋	杓子類
스-픈루이	죠우리요우 코모노	나베	샤큐지루이
스푼류	조리용 소도구	냄비	주걱류

まないた	フライパン	ナイフ	やかん	銅なべ
마나이타	후라이팡	나이프	야칸	도우나베
도마	프라이팬	칼	주전자	동 냄비
ステンレス ボール	はさみ	木の 杓子	ゴムべら	ソース缶
스텐레스 보-루	하사미	키노 샤쿠시	고무베라	소-스칸
스테인리스 볼	가위	나무주걱	고무주걱	소스 통
小さじ	中さじ	大さじ	フォーク	はし
코사지	쥬우사지	오오사지	휘-쿠	하시
작은 숟가락	중간 숟가락	큰 숟가락	포크	젓가락
皿	大皿	小皿	茶碗	コップ
사라	오오자라	코자라	차완	콧푸
접시	큰 접시	작은 접시	밥그릇	컵
箸箱	ひしゃく	まないた	杓子	マグカップ
하시바코	히샤쿠	마나이타	샤쿠시	마구캇푸
젓가락 통	국자	도마	주걱	머그 컵

<ruby>第<rt>だい</rt></ruby>**21**<ruby>課<rt>か</rt></ruby>

<ruby>味<rt>あじ</rt></ruby>の <ruby>表現<rt>ひょうげん</rt></ruby>は <ruby>何<rt>なに</rt></ruby>が ありますか?

아지노 효우겐와 나니가 아리마스카?

맛의 표현은 무엇이 있습니까?

第21課

味の 表現は 何が ありますか?
아지노 효우겐와 나니가 아리마스카?

맛의 표현은 무엇이 있습니까?

---

1. 味の 表現は 何が ありますか?
아지노 효우겐와 나니가 아리마스카?
맛의 표현은 무엇이 있습니까?

はい、おいしい、まずい、甘い、苦いが あります。
하이, 오이시이, 마즈이, 아마이, 니카이가 아리마스.
네, 맛있다, 맛없다, 달다, 쓰다가 있습니다.

味の 表現
아지노 효우겐
맛의 표현

甘酸っぱい	香ばしい	味が 香ばしいい	風味が よい
아마슷빠이	코우바시이	아지가 코우바시이	후미가 요이
새콤달콤하다	맛없다	맛이 향기롭다	풍미가 좋다
風味が 薄い	風味が 淡白い	薄味	固い味
후미가 우스이	후미가 단빠구이	우스아지	카타이 아지
맛이 엷다	맛이 담백하다	연한 맛	딱딱한 맛

柔わらかい味 야와라카이 아지	ふかふかの味 후카후카오 아지	きつい味 키쯔이 아지	熱い味 아쯔이 아지
부드러운 맛	부드러운 맛	너무 진한 맛	뜨거운 맛
冷たい味 쯔메타이 아지	味わい 아지와이	ざらざらした味 자라 자라시타 아지	めちゃからい味 메챠 카라이 아지
차가운 맛	감칠맛	까칠까칠한 맛	자극적인 매운맛
おいしい 오이시이	まずい 마즈이	甘い 아마이	苦い 니카이
맛있다	맛없다	달다	쓰다
辛い 카라이	塩い 숫빠이	酸っぱい 숫빠이	辛く, しょっぱくて すっぱい 카라쿠, 숫빠쿠테 숫빠이
맵다	짜다	시다	맵고, 짜고, 시다
渋い 시부이	脂っこい 아부랏코이	香ばしい 코우바시이	さっぱり 삿빠리
떫다	느끼하다	고소하다	산뜻하다
すきっと する 스킷토스루	まろやか 마루야가	薄い 우스이	濃い 코이
시원하다	부드럽다	싱겁다	진하다
まあまあ 마아마아	大食い / 大食い 타이쇼쿠이 / 오오쿠이	早食い 하야쇼쿠이	おかわり 오카와리
보통	대식	빨리 먹음	추가하기
食べすぎ 타베스기	外食 카이쇼쿠	朝食 抜 아사쇼쿠 누기	野菜 不足 야사이 후쇼쿠
과식	외식	아침밥 거르기	야채 부족

食事 バランス 쇼쿠지 바란스	脂質 시시쯔	糖分 토우분	新鮮 신센
식사 균형	지방질	당분	신선
機能性 食品 키노우세이 쇼쿠힝	産地 限定 산지 겐테이	賞味 期限 쇼미 기간	消費 期限 쇼히 기간
기능성 식품	산지 한정	유통기한	소비기한
有機 野菜 유우키 야사이	無添加 食品 무텐카 쇼쿠힝	国産 코쿠산	外国産 카이코쿠산
유기농 채소	무첨가 식품	국산	외국산

2. 味の 表現を 話して みましょう。

아지노 효우겐오 하나시테 미마쇼오우.

맛의 표현을 이야기해 봅시다.

はい、料理、ケーキ、刺身は おいしいです。

하이, 료우리, 케-키, 사시미와 오이시이데스.

네, 요리, 케이크, 회는 맛이 있습니다.

チョコレート、飴、果物は 甘いです。

초코레-토, 아메, 쿠다모노와 아마이데스.

초콜릿, 사탕, 과일은 답니다.

薬、ヨモギ、キキョウは 苦いです。

쿠스리, 요모기, 키쿄우와 니카이데스.

약, 쑥, 도라지는 씁니다.

唐辛子、キムチ、コチュジャンは 辛いです。

토우카라시, 키무찌 코쥬잔와 카라라이데스.

고추, 김치, 고추장은 맵습니다.

塩辛、塩、みそは しょっぱいです。
시오카라, 시오, 미소와 숏빠이데스.
젓갈, 소금 된장은 짭니다.

レモン、酢、ザクロは 酸っぱいです。
레몬, 스, 자쿠로와 숏빠이데스.
레몬, 식초, 석류는 십니다.

薬味は 辛く、塩辛いです。
야쿠미와 카라쿠, 시오카라이데스.
양념은 맵고, 짜고 맵습니다.

柿は 渋いです。
카키와 시부이데스.
감은 떫습니다.

チーズは 脂っこいです。
치-즈와 아부랏코이데스.
치즈는 기름집니다.

ごま、ごま油は 香ばしいです。
고마, 고마유와 코우바시이데스.
깨, 참기름은 고소합니다.

かいしる、水キムチは さっぱりします。
카이시루, 미즈키무찌와 삿빠리시마스.
조갯국, 물김치는 산뜻합니다.

わかめスープ、あさっときは すてきです。
와카메스-프, 아삿토키와 스테키데스.
미역국, 아욱국은 싱겁습니다.

キムチチゲ、みそチゲは 味が 濃いです。

기무찌찌게, 미소찌게와 아지가 코이데스.

김치찌개, 된장찌개는 맛이 진합니다.

3. 食べ物の 見た目の 表現は 何が ありますか?

다베모노노 미타메노 효우겐와 나니가 아리마스카?

음식의 외형의 표현은 무엇이 있습니까?

はい、みずみずしい、食欲が そそられる、どろっとした、照り感が ある、肉々しい 表現があります。

하이, 미즈미즈시이, 쇼쿠요쿠가 소소라레루, 도롯토시타, 테리칸가 아루, 니쿠니쿠시이 효우겐가 아리마스.

네, 싱싱하다, 입맛이 당긴다, 걸쭉한 느낌, 반짝거리는 느낌이 있다, 살집이 높다 표현이 있습니다.

見た目の 表現

미타메노 효우켄

눈으로 보는 표현

みずみずしい 미즈미즈시이	食欲が そそられる 쇼쿠요쿠가 소소라레루	どろっとした 도롯토 시타	照り感が ある 테리칸가 아루
싱싱하다	입맛이 당기다	뻑뻑하다	반짝거리는 느낌이 있다
肉々しい 니쿠니쿠시이	厚みが あります 아쯔미가 아리마스	べたべた 베타베타	ボリューミが あります 보류-미가 아리마스
살집이 높다	두께가 있다	끈적끈적	볼륨감이 있다
じゅわあーっと 肉汁が 溢れ出す 쥬와아-토 니쿠쥬우가 아후레다스	色彩が きれい 시키사이가 키레이	傷んで いそう 이탄데이 소우	腐って いそう 쿠삿테 이소우
쭉 육즙이 넘치다	색채가 곱다	상한 것 같다	썩고 있는 것 같다
中身が ぎっしり 나카미가 깃시리	ぐずぐずする 구즈구즈스루	厚さが 薄い 아쯔사가 우스이	
알맹이가 알차다	흐물흐물하다	두께가 얇다	

4. **食べ物の 香りの 表現は 何が ありますか?**

다베모노노 카오리노 효우겐와 나니가 아리마스카?

음식의 향기의 표현은 무엇이 있습니까?

はい、香ばしい、臭そう、食欲が そそられる、風味 豊か、さわやかが あります。

하이, 코우바시이, 쿠사소우, 쇼쿠요쿠가 소소라레루, 후우미 유타카, 사와야카가 아리마스.

네, 향기롭다, 냄새가 나는 듯, 입맛이 당긴다, 풍미 풍부, 상쾌함이 있습니다.

食べ物の 香りの 表現

다베모노노 카오리오 효우겐

음식의 향기의 표현

香ばしい	臭そう	食欲が そそられる	風味 豊か	さわやか
코우바시이	쿠사소우	쇼쿠요쿠가 소소라레루	후우미 유타카	사와야카
향기롭다	냄새가 나는 듯	입맛이 당기다	풍미 풍부	상쾌함
磯の香が する	臭みが ない	アルコール 臭が する	青臭い	生臭い
이소노 카오리가 스루	쿠사미가 나이	아루코-루 니오이가 스루	아오쿠사이	나마구사이
갯가 향기가 나다	심한 냄새가 없다	알코올 냄새가 난다	풋냄새	비린 냄새

5. **食べ物 温度の 表現は 何が ありますか?**

다베모노 온도노 효우겐와 나니가 아리마스카?

음식물 온도의 표현은 무엇이 있습니까?

はい、熱い、ぬるい、冷たい、生ぬるい、アツアツ、適当温度が あります。

하이, 아쯔이, 누루이, 쯔메타이, 나마누루이, 아쯔아쯔, 테키토우 온도가 아리마스.

네, 뜨겁다, 미지근하다, 차갑다, 미지근하다, 뜨겁다, 적당한 온도가 있습니다.

温度の 表現
온도노 효우겐

온도의 표현

熱い 아쯔이	ぬるい 누루이	冷たい 쯔메타이
뜨겁다	미지근하다	차갑다
生ぬるい 나마누루이	アツアツ 아쯔아쯔	適当温度 테키토우 온도
미지근하다	뜨겁다	적당한 온도

6. 食べ物の 味の 表現は 何が ありますか?
다베모노노 아지오 효우겐와 나니가 아리마스카?

음식의 맛의 표현은 무엇이 있습니까?

はい、自然な 味、複雑な 味、春の 味、素朴な 味、素材 本来の 味、絶妙な 甘さ、あとを 引く 美味しさ、あっさり 味、すっきり 味、コクの 味、発酵食品の 味、まろやか 味、手作り 味、水っぽいの 味、マイルドの 味、脂身の 味、塩辛い 味、おふくろの 味、優しい 味、刺激的な味、くせになる 味が あります。

하이, 시젠나 아지, 후쿠자쯔나 아지, 하루노 아지, 제소보구나 아지, 소자이 혼라이노 아지, 쯔묘나 아지, 아토우 히쿠 오이시사, 앗사리 아지, 슷키리 아지, 코쿠노 아지, 핫코우 쇼쿠힝오 아지, 마루야카나 아지, 데즈구리노 아지, 미즛보이노 아지, 마이루도 아지, 아브라미노 아지, 시오카라이 아지, 오후쿠로노 아지, 야사시이 아지가 아리마스.

네, 자연스러운 맛, 복잡한 맛, 봄의 맛, 소박한 맛, 소재 본래의 맛, 절묘한 단맛, 뒷맛을 내는 맛, 담백한(산뜻한) 맛, 감칠 맛, 발효식품의 맛, 순한 맛, 수제 맛, 싱거운 맛, 마일드한 맛, 기름기 맛, 간이 짠맛, 어머니의 맛, 순한 맛, 자극적인 맛, 중독성이 있는 맛이 있습니다.

味の 表現
あじの ひょうげん
아지노 효우겐

맛의 표현

自然な 味 시젠나 아지	複雑な 味 후쿠자쯔나 아지	春の 味 하루노 아지	素朴な 味 소보쿠나 아지
자연스러운 맛	**복잡한 맛**	**봄의 맛**	**소박한 맛**
素材 本来の 味 소자이 혼라이노 아지	あとを引く 美味しさ 아도오 히쿠 오이시사	あっさり 味 앗사리 아지	すっきり 味 슷키리 아지
소재 본래의 맛	**절묘한 단맛**	**뒷맛을 내는 맛**	**담백한(산뜻한) 맛**
コクの 味 콧쿠노 아지	発酵食品の 味 핫코우 쇼쿠힝노 아지	まろやか 味 마로야카 아지	手作り 味 데즈쿠리 아지
진한 맛	**발효식품의 맛**	**순한 맛**	**수제 맛**
水っぽいの 味 미즈뽀이노 아지	マイルドの 味 마이루도노 아지	脂身の 味 아브라미노 아지	塩辛い味 시오카라이 아지
싱거운 맛	**마일드한 맛**	**기름기 맛**	**간이 짠맛**
おふくろの 味 오후쿠로노 아지	優しい 味 야사시이 아지	刺激的な 味 시게키테키나 아지	くせになる 味 쿠세니 나루 아지
어머니의 맛	**상냥한 맛**	**자극적인 맛**	**중독성이 있는 맛**
おいしい 오이시이	まずい 마즈이	薄い 우스이	濃い 코이
맛있다	**맛없다**	**싱겁다**	**진하다**
香ばしい 코우바시이	濃厚 味 노우코우 아지	まるやか 마루야카	すきっと する 스킷토 스루
향기롭다	**진한 맛**	**부드럽다**	**시원하다**

脂っこい 아부랏코이	濃味 코이미	無味 무미	薄味 우스미
느끼하다	진한 맛	무미	엷은 맛
塩くて 辛い 숏빠쿠 카라이	塩くで 甘い 숏빠쿠데 아마이	塩くで 酸っぱい 숏빠쿠데 숫빠이	辛い 카라이
짜고 맵다	짜고 달다	짜고 시다	맵다
辛味 카라미	辛くで 酸っぱい 카라쿠데 숫빠이	刺激的な 辛味 시게키테키나 카라미	中辛味 쥬우카라미
매운맛	맵고 시다	자극적인 매운맛	중간 매운맛
酸っぱい 숫빠이	酸味 산미	大変 酸っぱい 타이헨 숫빠이	酸っぱくで 苦い 숫빠쿠데 니카이
시다	산미	매우 시다	시고 쓰다
少し 酸っぱい 스코시 숫빠이	渋い 시부이	渋味 시부미	渋酸っぱい 시부 숫빠이
조금 시다	떫다	떫은 맛	떫고 시다
渋苦い 시부니카이	濃い渋味 코이시부미	甘い 아마이	甘ったるい 아맛 타루이
떫고 쓰다	짙은 떫은 맛	달다	달콤한
甘辛い 아마 카라이	甘じょっぱい 와마 숫빠이	甘酸っぱい 아마 숫빠이	苦い 니카이
달고 맵다	달고 짜다	새콤하다	쓰다
苦味 니가미	ほろ苦い 호로니카이	非常に 苦い 히쬬우니 니카이	甘苦い 아마니카이
쓴맛	쓰다	매우 쓰다	달고 쓰다

塩い しょっぱい 숏빠이	塩味 しおあじ 시오아지	塩くで辛い しょっぱくでから 숏빠구 카라이	塩くで甘い しょっぱくであま 숏빠구데 아마이
짜다	짠맛	짜고 맵다	짜고 달다
塩くで酸っぱい しょっぱくです 숏바구데 숏빠이			
짜고 시다			

7. 食べ物の 食感 表現は 何が ありますか?

たべもの　　しょっかん ひょうげん　　なに

다베모노노 숏간 효우겐와 나니가 아리마스카?

음식의 식감 표현은 무엇이 있습니까?

はい、歯ごたえ、歯みごたえ、舌触り、とろみ、しっとり、ほくほく、うまみ、閉じ込められている、ふしゅわっわふわとろーりとろける、硬いやわらかい、ざらざら、もっちり、パサパサ、ぷにぷに、弾力、つるつる、こりこり、ねっとり、ぷりぷり、なめらか 跳ね返る 表現が あります。

하이, 하고타에, 하미고타에, 시타자와리, 토로미, 싯토리, 호쿠호쿠, 우마미, 토지코메라레테이루, 후슈왓와 후와 토로-리 토로케루, 카타이 야와라카이, 자라자라, 오이리-, 못찌리, 파사파사, 뿌니뿌니, 단료쿠, 쯔루쯔루, 코리코리, 넷토리, 뿌리뿌리, 나메라카 하네카에루 효우켄가 아리마스.

네, 식감, 씹히는 맛, 혀의 촉감, 끈기, 촉촉함, 따끈따끈, 감칠 맛, 감춰진 맛있는, 둥실둥실하게 녹는다, 단단하고 부드럽다, 까칠까칠, 쫄깃쫄깃한 식감, 바삭바삭 부드럽고 탄력있는 모양, 탄력, 매끈매끈, 오도독오도독, 부드럽고 탄력이 있는 모양, 부드러움이 되돌아온다, 표현이 있습니다.

食感の 表現
숏칸노 효우겐
식감의 표현

味歯ごたえ 아지하고타에	歯ごたえ 하고타에	舌触り 시타 사와리
씹으면서 나는 맛	씹는 맛	혀의 촉감
とろみ 토로미	しっとり 싯토리	ほくほく 호쿠호쿠
걸쭉한(끈기)	촉촉함	따끈따끈
うまみ 우마미	閉じ込められている 터지코메 라레데이루	ふしゅわっわふわとろーり とろける 후슈왓와후와토로−리토로게루
맛있는	감춰진 맛	둥실둥실하게 잘 녹는다
硬い やわらかい 카타이 야와라카이	ざらざら 자라자라	もっちり 못찌리
단단하고 부드럽다	까칠까칠	부드럽고 쫄깃쫄깃한 식감
パサパサ 바사바사	ぷにぷに 뿌니뿌니	弾力 단료쿠
바삭바삭	부드럽고 탄력이 있는 모양	탄력
つるつる 쯔루즈루	こりこり 코리 코리	ぷりぷ りなめらか跳ね 뿌리뿌리나메라가
매끈매끈	오도독오도독	부드러움이 되돌아온다

8. 食べ物 音の 表現 何が ありますか?

다베모노 오토노 효우겐와 나니가 아리마스카?

음식의 소리의 표현은 무엇이 있습니까?

はい、バリバリ、ボリボリ、カリッ、パリッ、パチパチ、シュワシュワ、
じゃりじゃり、シャキシャキが あります。

하이, 바리바리, 보리보리, 카릿, 파릿, 파찌파찌, 슈와슈와, 쟈리쟈리, 샤키샤키, 샤킷가 아리마스.

네, 으드득으드득, 우두둑우두둑, 와삭, 파삭, 톡톡탁탁, 뭉실뭉실, 자금자금,
아삭아삭이 있습니다.

食べ物 音の 表現

다베모노 오토노 효우겐

음식 소리의 표현

バリバリ 바리바리	ボリボリ 보리보리	カリッ 카릿	パリッ 빠릿
으드득으드득 (아드득아드득)	우두둑우두둑	와삭	파삭(부썩)
パチパチ 빠찌빠찌	シュワシュワ 슈와슈와	じゃりじゃり 쟈리쟈리	シャキシャキ 샤키샤키
톡톡, 탁탁	뭉실뭉실	자금자금 (입안에 모래가 씹히는 모양)	아삭아삭 (사각사각)

第22課

<ruby>第<rt>だい</rt></ruby>**22**<ruby>課<rt>か</rt></ruby>

<ruby>日本<rt>にほん</rt></ruby> <ruby>料理<rt>りょうり</rt></ruby>を <ruby>勉強<rt>べんきょう</rt></ruby>
しましょう。

니혼료우리오 벤쿄우 시마쇼우.

일본요리를 공부합시다.

第22課

日本料理を 勉強しましょう。
にほん りょうり べんきょう

니혼료우리오 벤쿄우 시마쇼우.

일본요리를 공부합시다.

---

1. 日本料理は 何ですか?
にほん りょうり なん

니혼료우리와 난데스카?

일본요리는 무엇입니까?

日本料理は 文化、自然などを 基礎した 料理です。
にほん りょうり ぶんか しぜん きそ りょうり

니혼료우리와 분카, 시젠나도우오 기소시다 료우리데스.

일본요리는 문화, 자연 등을 기초한 요리입니다.

多様な 季節の 食材、器、おもてなしの 心等と 共に 発展して き
たよう きせつ しょくざい き こころとう とも はってん

ました。

타요오나 키세쯔노 쇼쿠자이, 기, 오모테나시노 코코로토우토 토모니 핫텐시테 키마시타.

다양한 계절의 식재, 그릇, 대접의 마음 등과 함께 발전하여 왔습니다.

日本料理は 日本の 風土で 独自に 発達した 料理です。
にほん りょうり にほん ふうど どくじ はったつ りょうり

니혼료우리와 니혼노 후우도데 도쿠지니 핫타쯔시타 료우리데스.

일본요리는 일본의 풍토에서 독자적으로 발달한 요리입니다.

季節感、新鮮な 魚介や 野菜を 使用します。

키세쯔칸, 신센나 교카이야 야사이오 시요우시마스.

계절감, 신선한 해산물과 야채를 사용합니다.

刺身や 煮物、焼き物、汁物、寄せ物などに 材料の 持ち味を 生かして 調理します。

사시미야 니모노, 야키모노, 시루모노, 요세모노 나도니 자이료우노 모찌아지오 이카시테 죠우리시마스.

생선회와 찜, 구이, 국, 조림, 우뭇가사리나 젤라틴, 한천 등을 이용하여 만든 굳힘 요리 등의 재료의 맛을 살려서 조리합니다.

日本料理

니혼료우리

일본요리

刺身	煮物	焼き物	汁物	寄せ物
사시미	니모노	야키모노	지루모노	요세모노
회	찜	구이	국	우뭇가사리나 젤라틴, 한천 등을 이용하여 만든 굳힘 요리

強い 香辛料を あまり 使わないです。

쯔요이 코우신료우오 아마리 쯔카와나이데스.

강한 향신료를 그다지 사용하지 않습니다.

器の 種類や 盛り付けにも 研究を します。

우쯔와노 슈루이야 모리쯔케니모 켄큐우오 시마스.

그릇의 종류나 장식에도 연구를 합니다.

見た目の 美しさを 尊重します。

미타 메노 우쯔쿠시사오 손죠우시마스.

외형의 아름다움을 존중합니다.

2. 日本料理の 特徴は 何ですか?

니혼료우리노 토쿠죠우와 난데스카?

일본요리의 특징은 무엇입니까?

優れた 栄養の バランスと、四季に 応じた 新鮮な 食材の 使用、
見た目の 美しさが 特徴です。

스구레타 에이요우노 바란스토, 시키니 오오지타 신센나 쇼쿠자이노 시요우 미타 메노 우쯔쿠
시사가 토쿠죠우데스.

뛰어난 영양의 균형과 사계절에 따른 신선한 식재의 사용, 외견의 아름다
움이 특징입니다.

多様な 食材を 使用します。

타요우나 쇼쿠자이오 시요우시마스.

다양한 식재료를 사용합니다.

一汁 三菜を 基本とする 米飯を 中心とした 構成できて います。

이찌시루 산사이오 키혼토 스루 베이항오 쥬우신토 시타 코우세이데키테 이마스.

국 한 그릇 세 가지 반찬을 기본으로 하는 쌀밥을 중심으로 구성되어
있습니다.

基本は 飯、汁、香で、これに 前菜、刺身、焼き物、揚げ物、煮物、和え
物、酢の物などが 加えられます。

키혼와 메시, 시루, 코우데, 코레니 젠사이, 사시미, 야키모노, 아게모노, 니모노, 아에모노, 스노모
나도가 쿠와에라레마스.

기본은 밥, 국, 야채 절임이며, 여기에 전채, 회, 구이, 튀김, 조림, 무침,
초무침 등이 첨가됩니다.

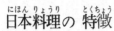

日本料理の 特徴
니혼료우리노 토쿠죠우

일본요리의 특징

飯	汁	香	前菜	刺身
메시	시루	코우	젠사이	사시미
밥	국	채소 반찬	전채	회
焼き物	揚げ物	煮物	和え物	酢の物
야키모노	아게모노	니모노	아에모노	스노모노
구이	튀김	조림	무침	초무침

長寿、肥満 防止に 役立つ 健康的な 食事です。
죠우슈, 히만 보우시니 야쿠다쯔 켄코우테키나 쇼쿠지데스.

장수, 비만 방지에 도움이 되는 건강한 식사입니다.

自然の 美しさや 季節の 移ろいの 表現します。
시젠노 우쯔쿠시사야 키세쯔노 우쯔로이노 효우겐시마스.

자연의 아름다움과 계절의 변화를 표현합니다.

年中 行事との 密接な 関わりも あります。
넨쥬우 교우지토노 밋세쯔나 카카와리모 아리마스.

연중행사와 밀접한 관련도 있습니다.

調理法は 自然の 素材の 味を つけます。
죠우리호우와 시젠노 소자이노 아지오 쯔케마스.

조리법은 자연의 소재의 맛을 냅니다.

3. 日本料理を 学ぶ 心持ちは 何ですか?

니혼료우리오 마나부 코코로모찌와 난데스카?

일본요리를 배우는 마음가짐은 무엇입니까?

はい、日本料理の 習い事は 料理を 工夫をして 違う 味を つける のです。

하이, 니혼료우리 나라이코토와 료우리오 쿠후우오 시테 찌가우 아지오 쯔케루노데스.

네, 일본요리를 배우는 일은 요리를 공부하여 다양하고 새로운 맛을 내는 것입니다.

味と 盛り付けや 調味料の 加減などに 関しても 研究します。

아지토 모리쯔케야 죠우미료우노 카겐나도니 칸시테모 켄큐우시마스.

맛과 장식이나 조미료의 가감 등에 관해서도 연구합니다.

食材を 選択、季節、産地を 勉強します。

쇼쿠자이오 센타쿠, 키세쯔, 산찌오 벤쿄우시마스.

식재료를 선택, 계절, 산지를 공부합니다.

4. 日本料理の 基本は 何ですか?

니혼료우리노 기혼와 난데스카?

일본요리의 기본은 무엇입니까?

はい、五味、五色、五法です。

하이, 고미, 고시키, 고호우데스.

네, 다섯 가지 맛, 다섯 가지 색, 다섯 가지 조리법입니다.

季節や 食材、調理法、見た目の 美しきです。

키세쯔야 쇼쿠자이, 죠우리호우, 미타메노 우쯔쿠시사데스.

계절이나 식재료, 조리법, 외형의 아름다움입니다.

お客様の 人数、好み、もてなしの 心と 感謝の 気持ちです。

오캬쿠사마노 닌즈우, 코노미, 모테나시노 코코로토 칸샤노 키모찌데스.

손님의 인원수, 기호, 대접의 마음과 감사의 마음입니다.

全てが バランス よく 折り重なり 美しさを 演出です。

스베테가 바란스 요쿠 오리카사나리 우쯔쿠시사오 엔슈쯔데스.

모든 것이 균형있게 겹쳐져, 아름다움을 연출합니다.

5. 五味は 何ですか?

고미와 난데스카?

오미는 무엇입니까?

はい、五味は 甘味、辛味、塩味、苦味、酸味の 五つの 味です。

하이, 고미와 아마미, 카라미, 시오미, 니가미, 산미노 이쯔즈노 아지데스.

네, 오미는 단맛, 매운맛, 소금맛, 쓴맛, 신맛의 다섯 가지 맛입니다.

基本 調味料(さしすせそ)の 砂糖、塩、醤油、味噌、酢の 5種類です。

키혼 죠우미료우(사시스세소)노 사토우, 시오, 쇼우유, 미소, 스노 고슈루이데스.

기본 조미료 설탕, 소금, 간장, 된장, 식초 5가지입니다.

五味

고미

오미

甘味	辛味	塩味	苦味	酸味
아마미	카라미	시오미	니가미	산미
단맛	매운맛	짠맛	쓴맛	신맛
砂糖	塩	醤油	味噌	酢
사토우	시오	쇼우유	미소	스
설탕	소금	간장	된장	식초

6. 五色は 何ですか?
고쇼쿠와 난데스카?
오색은 무엇입니까?

はい、五色は 赤、青、黄、白、黒の 五つです。
하이, 고쇼쿠와 아카, 아오, 키이로, 시로, 쿠로노 이쯔쯔 데스.
오색은 빨강, 파랑, 노랑, 흰색, 검은색의 다섯 가지입니다.

五色
고쇼쿠
오색

赤 아카	青 아오	黄 키이로	白 시로	黒 쿠로
적	청	황	백	흑

黒塗りの お盆、朱塗りの お椀、料理に 添えられる 葉や 花などで 演出します。
쿠로누리노 오본야, 슈누리노 오완, 료우리니 소에라레루 하야 하나나도데 엔슈쯔시마스.
검게 칠한 쟁반, 주홍색으로 칠한 공기, 요리에 곁들이는 잎이나 꽃 등으로 연출합니다.

7. 五法は 何ですか?
고호우와 난데스카?
오법은 무엇입니까?

はい、五法は 生食、煮る、蒸す、揚げる、焼くの 五つの 基本の 調理 法の ことです。
하이, 고호우와 세이쇼쿠, 니루, 무스, 아게루, 야쿠노 이쯔쯔노 키혼노 죠우리호우노 코토데스.
네, 다섯 가지 조리 법은 생식, 조림, 찜, 튀김, 구이 5개의 기본 조리법입니다.

生は 刺身、煮るは 煮物、蒸すは 蒸し物、揚げるは 揚げ物を 焼く
は 焼き物 意味します。

나마와 사시미, 니루와 니모노, 무스와 무시모노, 아게루와 아게모노우 야쿠와 야키모노 이미시마스.

생것은 회, 끓이는 것은 조림, 찌는 것은 찜, 튀기는 것은 튀김을 굽는 것은
구운 것을 의미합니다.

基本的な 会席 料理には これら 五つの 料理が 必ず 出てきます。

키혼테키나 카이세키 료우리니와 코레라 이쯔쯔노 료우리가 카나라즈 데테키마스.

기본적인 회석 요리에는 이것들 5가지 요리가 꼭 나옵니다.

会席 料理

카이세키 료우리

회석 요리

生食	煮る	蒸す	揚げる	焼く
쇼우쇼쿠	니루	무스	아게루	야쿠
생식	조림	찜	튀김	굽기
刺身	煮物	蒸し物	揚げ物	焼き物
사시미	니모노	무시모노	아게모노	야키모노
회	조림 요리	찜 요리	튀김 요리	구이 요리

8. 五感は 何ですか?

고칸와 난데스카?

오감은 무엇입니까?

はい、視覚、聴覚、嗅覚、触覚、味覚で 美味しい 料理を 味わうと
意味です。

하이, 시카쿠, 죠우카쿠, 큐우카쿠, 쇼카쿠, 미카쿠데, 오이시이 료우리오 아지와우토 이우 이미데스.

네, 시각, 청각, 후각, 촉각, 미각으로 아름답고 맛있는 요리를 맛보는
의미입니다.

味と 五色は 料理に 重要です。
아지토 고쇼쿠와 료우리니 쥬우요우데스.
맛과 오감은 요리에 중요합니다.

五感
코칸
오감

視覚	聴覚	嗅覚	触覚	味覚
시카쿠	죠우카쿠	큐우카쿠	쇼카쿠	미카쿠
시각	청각	후각	촉각	미각

9. 日本料理の 4つの 種類は 何が ありますか?
니혼료우리노 요쯔노 슈루이와 나니가 아리마스카?
일본요리의 4가지의 종류는 무엇이 있습니까?

はい、食膳形式、本膳料理、懐石料理、精進料理が あります。
하이, 쇼쿠젠케이시키, 혼젠료우리, 카이세키료우리, 쇼오진료우리가 아리마스.
예, 밥상 형식 요리, 차례상 형식 요리, 코스요리, 채식요리가 있습니다.

日本料理の 4つの 種類
니혼료우리노 요쯔노 슈루이
일본요리의 네 가지의 종류

食膳 形式	本膳 料理	懐石 料理	精進 料理
쇼쿠젠 케이시키	혼젠 료우리	카이세키 료우리	쇼오진 료우리
밥상 형식 요리	차례상 형식 요리	코스 요리	채식 요리

10. 食膳 形式は 何ですか?

쇼쿠젠 케이시시키와 난데스카?

밥상 형식 요리는 무엇입니까?

はい、長い 歴史の 中で 様々な 食膳形式が 生まれ、盛り付けの 美しい 形を 崩さない ように 食べることです。

하이, 나카이 레키시노 나카데 사마자마나 쇼쿠젠케이시키가 우마레, 모리쯔케노 우쯔쿠시이 카타찌오 쿠즈사나이요오니 타베루 코토데스.

네, 긴 역사 속에서 여러 가지 밥상 형식 요리가 생겨 아름답게 담아 놓은 모양을 흐트리지 않도록 먹는 것입니다.

11. 本膳料理は 何ですか?

혼젠료우리와 난데스카?

차례상 형식 요리는 무엇입니까?

はい、最も 格式 高い 料理で、おもに 祝い事の 席や 結婚式など で 利用されます。

하이, 못토모 카쿠시키 타카이 료우리테, 오모니 이와이고토노 세키야 켓콘시키나도데 리요우 사레마스

네, 가장 격식이 높은 요리로, 주로 경사 자리나 결혼식 등에서 이용됩니다.

一の膳、二の膳、三の膳、四の膳、五の膳まで あり、主となる 一の 膳を「本膳」といった ことから 本膳料理と 呼ばれるました。

이찌노젠, 니노젠, 산노젠, 욘노 젠, 고노 젠마데 아리, 오모토 나루 이찌노젠오 '혼젠' 토 잇타 코토카라 혼젠료우리토 요바레루마시타.

한 상, 두 개의 상, 세 개의 상, 네 개의 상, 다섯 개의 상까지 있어, 가장 큰 상을 '본상'으로 하는 것으로부터 상차림으로 불렸습니다.

12. 懐石 料理は 何ですか?

카이세키 료우리와 난데스카?

코스형식 요리는 무엇입니까?

はい、茶道と ともに 発展した 茶席の 前に 軽く 腹ごしらえする ための 料理で、一汁 三菜が 基本です。

하이, 챠도우토 토모니 핫텐시타 차세키노 마에니 카루쿠 하라고시라에스루 타메노 료우리데, 이찌지루 산사이가 키혼데스.

다도와 함께 발전된 차를 마시는 좌석 앞에 가볍게 배를 채우기 위한 요리로서 국 하나, 세 가지 반찬이 기본입니다.

懐石料理と いう 名前は、禅宗の 僧侶が 暖めた 石を 懐に 入れ、寒さと 空腹を しのいだ ことから 名付けられたと されています。

카이세키료우리토 이우 나마에와, 젠슈우노 소우료가 아타타메타 이시오 후토코로니 이레, 사무사토 쿠우후쿠오 시노이다 코토카라 나즈케라레타토 사레테이마스.

회석 요리라는 이름은 선종의 승려가 따뜻하게 만든 돌을 품에 넣어 추위와 배고픔을 이겨냈기 때문에 붙여진 이름입니다.

13. 精進料理は 何ですか?

쇼진료우리와 난데스카?

채식 요리는 무엇입니까?

はい、修行 中の 僧侶が 日常的に 食している ため、一般 人が その 食べ方を 称して「精進料理」と 呼ぶように なりました。

하이, 슈교우 쥬우노 소우료가 니찌죠우테키니 쇼쿠시테이루 타메, 잇판진가 소노 타베카타오 쇼우시테 쇼우진료우리 토 요부요오니 나리마시타.

네, 수행 중의 승려가 일상적으로 먹고 있어서 일반인이 그 먹는 방법을 칭하여 "정진 요리"라고 부르게 되었습니다.

ぶっきょう
仏教が 禁じている 食事で 動物性 食品、にんにく、ネギ、ラッ
キョウなど 野菜類も 禁じられています。

붓쿄우가 킨지테이루 쇼쿠지데 도우부쯔세이 쇼쿠힝, 닌니쿠야 네기, 랏쿄우나도 야사이루이모 킨지라레테이마스.

불교가 금하고 있는 식사로 동물성 식품, 마늘, 파, 락교 등 야채류도 금지되어 있습니다.

第23課

だい / か

にほん りょうり　　　　ちょうりほう　　　　なに

日本料理を 調理法は 何が
ありますか?

니혼료우리노 죠우리호우와 나니가 아리마스카?

일본요리의 조리법은 무엇이 있습니까?

第23課

日本料理を 調理法は 何が ありますか?

니혼료우리노 죠우리호우와 나니가 아리마스카?

일본요리의 조리법은 무엇이 있습니까?

---

1. 日本料理の 調理法は 何が ありますか?

니혼료우리노 죠우리호우와 나니가 아리마스카?

일본요리의 조리법은 무엇이 있습니까?

はい、調理法は 調理に 利用しで いる 手法で 調理 技術などと 呼ばれます。

하이, 죠우리호우와 죠우리니 리요우 시데 이루 슈호우데 죠우리 기쥬쯔나도토 요바레마스.

네, 조리법은 조리에 이용하는 방법으로 조리기술 등으로 불립니다.

漬け方、茹で物、煮物、焼き物、揚げ物、炒め物、蒸し物、和え物、焙煎、燻煙、冷凍、盛り付けが あります。

쯔케카타, 유데모노, 니모노, 야키모노, 아게모노, 이타메모노, 무시모노, 아에모노, 하이젠, 쿤엔, 모리쯔게가 아리마스.

절이는 법, 삶는 것, 조림, 구운 것, 튀김, 볶음, 찜, 무침, 로스팅, 훈제, 냉동, 담음이 있다.

調理法
<ruby>調<rt>ちょう</rt>理<rt>り</rt>法<rt>ほう</rt></ruby>
죠우리호우

조리법

<ruby>漬<rt>つ</rt>け<rt></rt>方<rt>かた</rt></ruby> 쯔케카타	<ruby>茹<rt>ゆ</rt>で<rt></rt>物<rt>もの</rt></ruby> 유데모노	<ruby>煮<rt>に</rt>物<rt>もの</rt></ruby> 니모노	<ruby>焼<rt>や</rt>き<rt></rt>物<rt>もの</rt></ruby> 야키모노
절임 방법	삶은 것	조림	구운 것
<ruby>揚<rt>あ</rt>げ<rt></rt>物<rt>もの</rt></ruby> 아게모노	<ruby>炒<rt>いた</rt>め<rt></rt>物<rt>もの</rt></ruby> 이타메모노	<ruby>蒸<rt>む</rt>し<rt></rt>物<rt>もの</rt></ruby> 무시모노	<ruby>和<rt>あ</rt>え<rt></rt>物<rt>もの</rt></ruby> 아에모노
튀김	볶음	찜	무침
<ruby>焙<rt>ばい</rt>煎<rt>せん</rt></ruby> 바이센	<ruby>燻<rt>くん</rt>煙<rt>えん</rt></ruby> 쿤엔	<ruby>冷<rt>れい</rt>凍<rt>とう</rt></ruby> 레이토우	<ruby>盛<rt>も</rt>り<rt></rt>付<rt>つ</rt>け<rt></rt></ruby> 모리쯔케
로스팅	훈제	냉동	담음

2. <ruby>調<rt>ちょう</rt>理<rt>り</rt></ruby> <ruby>技<rt>ぎ</rt>術<rt>じゅつ</rt></ruby>は <ruby>何<rt>なに</rt></ruby>が ありますか?
죠우리 기쥬쯔와 나니가 아리마스카?

일본요리의 조리기술은 무엇이 있습니까?

はい、<ruby>調<rt>ちょう</rt>理<rt>り</rt>技<rt>ぎ</rt>術<rt>じゅつ</rt></ruby>は <ruby>霜<rt>しも</rt>降<rt>ふ</rt></ruby>り、<ruby>炊<rt>た</rt></ruby>き<ruby>合<rt>あわ</rt></ruby>せ、<ruby>灰<rt>あく</rt>汁<rt>ぬ</rt></ruby>抜き、<ruby>三<rt>さん</rt>杯<rt>ばい</rt>酢<rt>ず</rt></ruby>、<ruby>三<rt>さん</rt>枚<rt>まい</rt></ruby>おろし、<ruby>塩<rt>しお</rt></ruby>揉み、<ruby>塩<rt>しお</rt>茹<rt>ゆ</rt></ruby>で、<ruby>下<rt>した</rt>拵<rt>ごし</rt></ruby>え、<ruby>締<rt>し</rt></ruby>め、<ruby>湯<rt>ゆ</rt>煎<rt>せん</rt></ruby>、<ruby>湯<rt>ゆ</rt>通<rt>どお</rt></ruby>し、<ruby>燻<rt>くん</rt>煙<rt>えん</rt></ruby>が あります。
하이, 죠우리기쥬쯔와 시모후리, 타키아와세, 아쿠누키, 산바이스, 산마이오로시, 시오모미, 시오유데, 시타고시라에, 시메, 유센, 유토우시, 쿤엔가 아리마스.

네, 조리기술은 데치기, 채소와 생선 등 따로 맛을 들인 재료를 한 그릇에 담는 요리, 떫고 쓴맛을 우려냄, 양념장(삼배초 : 설탕, 간장, 식초)으로 맛을 낸 소스, 세장 포뜨기, 소금을 뿌려 문지름, 소금물에 삶기, 재료 밑손질 재우는 일, 이중 냄비에 중탕, 살짝 데침, 훈연이 있습니다.

調理 技術

죠우리 기슈쯔

조리기술

霜降り 시모후리	炊き合せ 타키아와세	灰汁抜き 아쿠누키	三杯酢 산바이스
데치기	여러 가지 재료를 조려서 골고루 담음	떫은 맛을 빼기	삼배초 양념장
三枚おろし 산마이오로시	塩揉み 시오모미	塩茹で 시오유데	下拵え 시타고시라에
세장 포 뜨기	소금 뿌려 문지르기	소금 삶기	사전 준비
煮物 니모노	湯煎 유센	湯通し 유토우시	燻煙 쿤엔
조림	중탕	살짝 데치기	훈연

3. 日本料理 方法は 何が ありますか?

니혼료우리 호우호우와 나니가 아리마스카?

일본요리 방법은 무엇이 있습니까?

はい、適切な 調理 道具を 使い方、包丁の 使い方、切り方の 種類、砂糖、塩、醤油、味噌、酢の 調味料、計量どおりに 作る ことです。

하이, 테키세쯔나 죠우리도우구오 쯔카이 카타, 호우죠우노 쯔카이카타, 키리카타노 슈루이, 사토우, 시오, 쇼우유, 미소, 스노 죠우미료우, 케이료우도우리니 쯔쿠루 코토데스.

네, 적절한 조리도구의 사용법, 부엌칼의 사용법, 자르는 방법의 종류, 설탕, 소금, 간장, 된장, 식초의 조미료, 계량한 대로 만드는 것입니다.

日本料理 方法
にほん りょうり ほうほう
니혼료우리 호우호우

일본요리의 방법

調理 道具を 使い方 ちょうり どうぐ つか かた 죠우리 도우구오 쯔카이 카타	包丁の 使い方 ほうちょう つか かた 호우죠우노 쯔카이카타	切り方 き かた 키리카타
조리도구의 사용법	칼의 사용법	자르는 법
調味料 使用 ちょうみりょう しよう 죠우미료우 시요우	計量 どおりに 作る けいりょう つく 케이료우 도오리 쯔쿠루	
조미료 사용법	계량대로 만들기	

4. 適切な 調理 道具の 使用は 何ですか?
てきせつ ちょうり どうぐ しよう なん
테키세쯔나 죠우리도구노 시요우와 난데스카?

적절한 조리도구의 사용은 무엇입니까?

はい、包丁、まな板、フライパン、鍋、おたま などの 代表的な 調理
ほうちょう いた なべ だいひょうてき ちょうり
器具を 使うのです。
きぐ つか

하이, 호우죠우, 마나이타, 후라이판, 나베, 오타마 나도노 다이효오테키나 죠우리키구오 쯔카우 노데스.

네, 식칼, 도마, 프라이팬, 냄비, 국자 등의 대표적인 조리기구를 사용하는 것입니다.

調理 道具
ちょうり どうぐ
죠우리 도우구

조리도구

包丁 ほうちょう 호우죠우	まな板 いた 마나이타	フライパン 후라이판	鍋 なべ 나베	おたま 오타마
칼	도마	프라이팬	냄비	국자

5. 包丁の 使い方は 何ですか?

호우죠우노 쯔카이카타와 난데스카?

칼의 사용법은 무엇입니까?

包丁は 牛刀、ペティナイフ、出刃包丁など 数多の 種類を 用途に 合わせて 使うのです。

호우죠우와 큐루토우 페티나이후 데바호우죠우나도 스우타노 슈루이오 요오토니 아와세테 쯔카우노데스.

식칼은 쇠고기 자르는 칼, 과도, 칼등이 두꺼운 칼(굵은 뼈를 자를 때 사용함) 등 수많은 종류를 용도에 맞추어 사용하는 것입니다.

6. 包丁の 切り方は 何が ありますか?

호우죠우노 키리카타와 나니가 아리마스카?

칼로 자르는 법은 무엇이 있습니까?

はい、輪切り、半月切り、いちょう切り、小口切り、斜め薄切り、拍子切り、短冊切り、色紙切り、薄切り、角切り、さいの目切り、せん切り、細切り、みじん切り、くし型切り、ひと口大切り、乱切り、ぶつ切り、シャトー切りそぎ、切りが あります。

하이, 와기리, 한게쯔키키리, 이죠우키리, 코구찌키리, 나나메우스기리, 효우시키리, 탄자쿠키리, 이로가미키리, 우스기리, 카쿠기리, 사이노메키리, 센기리, 호소기리, 미진키리, 쿠시가타키리, 히토쿠찌다이기리, 란기리, 쯔기리, 샤토-키리, 소기기리가 아리마스.

네, 통썰기, 반달형 썰기, 은행잎 썰기, 한입 썰기, 비스듬히 얇게 어슷 썰기, 막대 썰기, 골패 썰기, 종이 썰기, 얇게 썰기, 각 썰기, 깍둑 썰기, 채 썰기, 가늘게 채 썰기, 다져 썰기, 빗 모양 썰기, 한입 크기 썰기, 어슷하게 뚜벅 뚜벅 썰기, 깍두기 모양으로 뚜벅뚜벅 썰기, 깎아 썰기, 0.3~0.5mm 두께로 엇 비슷하게 썰기가 있습니다.

包丁の 切り方
호우쬬우노 키리가타

칼로 자르는 방법

輪切り	半月切り	いちょう切り	小口切り
와기리	한게쯔키키리	이죠우키리	코구찌키리
통 썰기	반달형 썰기	은행잎 썰기	곱게 썰기
斜め薄切り	拍子切り	短冊切り	色紙切り
나나메우스기리	효우시키리	탄자쿠키리	이로가미키리
비스듬히 얇게 어슷 썰기	막대 썰기	골패쪽 썰기	종이 썰기
薄切り	角切り	さいの目切り	せん切り
우스기리	카쿠기리	사이노메키리	센기리
얇게 썰기	각 썰기	깍둑 썰기	채 썰기
細切り	みじん切り	くし型切り	ひと口大切り
호소기리	미진키리	쿠시가타키리	히토쿠찌다이
가늘게 채 썰기	다져 썰기	빗 모양 썰기	한입 크기 썰기
乱切り	ぶつ切り	シャトー切り	そぎ切り
란기리	부쯔기리	샤토-기리	소기기리
어슷하게 뚜벅뚜벅 썰기	깍두기 모양으로 뚜벅뚜벅 썰기	재료를 구슬 모양으로 빠내는 일	엇비슷하게 썰기

7. "さしすせその 調味料 使用は 何が 重要ですか?

사시스세소노 죠우미료우 시요우와 나니가 쥬우요우데스카?

사시스세소의 조미료 사용은 무엇이 중요합니까?

はい、調味料を 調和して 味付けを 出します。

하이, 죠우미료우오 죠우와시테 아지쯔케오 다시마스.

네 조미료를 조화시켜 맛을 냅니다.

8. 計量 どおりに 作るのは 重要ですか？

케이료우 도오리니 쯔쿠루노와 쥬우요우데스카?

계량대로 만드는 것은 중요합니까?

はい、料理は 調味料や 食品の "計量" です。基本的には 計量を しっかりと 行って 料理を するべきです。

하이, 료우리와 죠우미료우야 쇼쿠힝노 케이료우데스. 키혼테키니와 케이료우오 싯카리토 잇테 료우리오 스루베키데스.

네, 요리는 조미료나 식품의 "계량"입니다. 기본적으로는 계량을 확실하게 해서 요리를 해야 합니다.

9. ご飯の 炊き方は なぜ 重要ですか？

고한노 타키가타와 나제 쥬우요우데스카?

밥 짓는 법은 왜 중요한가요?

はい、ご飯が 基本だからです。

하이, 고한가 기혼다카라데스.

밥이 기본이기 때문입니다.

10. 煮るは 何ですか？

니루와 난데스카?

조림은 무엇입니까?

はい、煮汁の 中に 食材を 入れて 加熱する 調理法です。

하이, 니지루노 나카니 쇼쿠자이오 이레테 카네쯔루 죠우리호우데스.

네, 끓인 국에 식재료를 넣고 가열하는 조리법입니다.

野菜類から 肉類まで、幅広い 食材を 調理するのに 用いられます。

야사이루이카라 니쿠루이마데, 하바히로이 쇼쿠자이오 죠우리스루노니 모찌이라레마스.

야채류에서 육류까지, 폭넓은 식재료를 조리하는 데 이용됩니다.

11. 焼きは 何ですか?

야키와 난데스카?

굽는 것은 무엇입니까?

はい、高温の 熱で 食材を 加熱する 調理法のです。

하이, 코우온노 네쯔데 쇼쿠자이오 카네쯔스루 죠우리호우노데스.

네, "고온의 열"에 식재료를 가열하는 조리법입니다.

直火焼きと 間接焼きの 二種類に 分けられます。

지카비야키토 칸세쯔야키노 니슈루이니 와케라레마스.

직화구이와 간접 구이의 두 종류로 나눌 수 있습니다.

12. 炒めは 何ですか?

이타메와 난데스카?

볶는 것은 무엇입니까?

はい、間接 焼きに 似た 調理法です。

하이, 칸세쯔 야키니 니타 죠우리호우데스.

네, 간접 구이와 비슷한 조리법입니다.

フライパンなどに 油を 敷き、食材を かき 混ぜながら 短時間で 加熱します。

후라이판나도니 아부라오 시키, 쇼쿠자이오 카키 마제나카라 탄지칸데 카네쯔시마스.

프라이팬 등에 기름을 두르고, 식재료를 섞으면서 "단시간"으로 가열합니다.

13. 揚げは 何ですか?

아게와 난데스카?

튀기는 것은 무엇입니까?

はい、多くの 油で 揚げる 調理法です。
하이, 오오쿠노 아부라데 아게루 죠우리호우데스.
많은 기름으로 튀기는 조리법입니다.

高温の 油の 中で、食材を 短時間で 加熱します。
코우온노 아부라노 나카데 쇼쿠자이오 탄지칸데 카네쯔시마스.
고온의 기름 속에서 식재료를 단시간에 가열합니다.

14. 蒸すは 何ですか?
무스와 난데스카?
찌는 것은 무엇입니까?

はい、水蒸気の 熱て 食材を 加熱する 調理法です。
하이, 미스이죠우키노 네쯔테 쇼쿠자이오 카네쯔스루 죠우리호우데스.
수증기의 열로 식재료를 가열하는 조리법입니다.

基本は 専用の 蒸し器が 必要です。
키혼와 센요우노 무시키가 히쯔요우데스.
기본은 전용 찜기가 필요합니다.

15. ダシは 何ですか?
다시와 난데스카?
다시는 무엇입니까?

はい、ダシは 煮出し 汁とも 呼ばれ、食品を 水で 煮て、旨みを
抽出した ものです。
하이, 다시와 니다시 시루토모 요바레 쇼쿠힝오 미즈데 니테 우마미오 쥬우슈쯔시타 모노데스.
네, 다시는 '일식 국물에 사용하는 국물'이라고도 불리며, 식품을 물에
끓여 감칠맛을 추출한 것입니다.

16. ダシを 使う 理由は 何ですか?

다시오 쯔카우 리유우와 난데스카?

다시를 사용하는 이유는 무엇입니까?

はい、調味料では 出し得ない 旨みや 風味を 料理に 与える からです。

하이, 죠우미료우데와 다시우나이 우마미야 후우미오 료우리니 아타에루 카라데스.

네, 조미료로는 낼 수 없는 맛이나 풍미를 요리에 줄 수 있기 때문입니다.

17. ダシの 材料は 何が ありますか?

다시노 자이료우와 나니가 아리마스카?

국물의 재료는 무엇이 있습니까?

はい、鰹(鰹節)、昆布が あります。

하이, 카쯔오(카쯔오부시), 콘부가 아리마스.

네, 가다랑어포, 다시마가 있습니다.

かつお だしと 昆布 だしです。

카쯔오 다시토 콘부다시데스.

가다랑어 국물, 다시마 국물입니다.

日本料理 基本と ８つの 調理法は なんですか?

にほん りょうり きほん や
ちょうりほう

니혼료우리 키혼토 얏쯔노 죠우리호우와 난데스카?

일본요리 기본과 8개의 조리법은 무엇입니까?

第24課

日本料理 基本と 8つの 調理法は なんですか?
니혼료우리 키혼토 얏쯔노 죠우리호우와 난데스카?

일본요리 기본과 8개의 조리법은 무엇입니까?

---

1. 日本料理の 基本 調理法は なんですか?
니혼료우리노 키혼 죠우리호우와 난데스카?

일본요리의 기본과 8개의 조리법은 무엇입니까?

はい、椀、和、煮、焼、揚、酢、飯です。
하이, 완, 와, 니, 야, 무시, 요오, 스, 메시데스.

네, 그릇, 일본식, 조림, 구이, 튀김, 식초, 밥입니다.

基本 調理法
기혼 죠우리 호우

기본 조리법

椀	和	焼	揚	酢	飯
완	와	야	아	스	메시
그릇	일본식	구이	튀김	식초	밥

2. 調理法 別の 手法や 8つの 種類は どうなりますか?

죠우리호우 베쯔노 슈호우야 야쯔노 슈루이와 도우나리마스카?

조리법별 8가지 방법이나 종류는 어떻게 됩니까?

はい、椀物、和え物、煮物、焼き物、蒸し物、揚げ物、酢の物、ご飯物です。

하이, 완모노, 아에모노, 니모노, 야키모노, 무시모노, 아게모노, 스노모노, 고한모노데스.

네, 맑은국 요리, 무침, 조림, 굽기, 찜, 튀김, 초절임, 밥입니다.

8つの 種類

야쯔노 슈루이

8가지 종류

椀物	和え物	煮物	焼き物
완모노	아에모노	니모노	야키모노
맑은국 요리	무침	조림	구이
蒸し物	揚げ物	酢物	ご飯物
무시모노	아게모노	스모노	고항모노
찜	튀김	식초 절임	밥

3. 椀物は 何 種類が ありますか?

완모노와 난 슈루이가 아리마스카?

국물 요리는 몇 종류가 있습니까?

はい、14種類が あります。

하이, 쥬우욘 슈루이가 아리마스.

네, 14종류가 있습니다.

14種類の 汁椀は、すまし汁、吉野汁、潮汁、味噌汁、沢煮椀汁、船場汁、粕汁、すり流し汁、のっぺい汁、けんちん汁、呉汁、霙汁、卯の花汁、納豆汁です。

쥬우욘 슈루이노 지루완토와 스마시지루, 요시노시루, 우시오지루, 미소지루, 사와니완 지루, 센바 지루, 카스지루, 스리나가시지루, 놋페이지루, 켄찐지루, 고지루, 미조레시루, 우노하나지루, 낫토우지루가 아리마스.

14종류의 국물 요리는 맑은 국물, 칡 전분을 이용한 국물, 해산물 국, 된장 국물, 돼지 껍질을 채 썰어 채소와 함께 넣어 끓인 국물, 오사카 센바 지역 요리로 다랑어를 사용하지 않고 고등어 뼈로 국물을 내어 고등어와 야채를 넣어서 만든 국물, 술지게미 국, 재료를 강판에 갈아서 넣어 끓인 국, 건더기가 많은 국물, 유부·야채 등을 맑은장국에 끓여서 갈분을 풀어 걸쭉하게 만든 국물, 두부·우엉·표고 국, 물에 불린 콩을 갈아서 넣은 된장 국물, 무를 강판에 갈아 넣고 끓인 국, 비짓국, 낫토국입니다.

14種類の 汁椀
쥬우욘 슈루이 지루완

14가지의 국

すまし汁	吉野汁	潮汁
스마이 지루	요시노 지루	우시오지루
맑은 국물	칡 전분을 이용하여 걸쭉하게 끓인 국(일본 요시노 지방 요리)	해산물 국물(해산물, 조개로 맑은국을 끓여 소금만으로 산뜻한 맛을 내는 요리)
味噌汁	沢煮椀汁	船場汁
미소지루	사와니완 지루	센바지루
된장국	돼지 껍질을 채 썰어 채소와 함께 끓인 국물	오사카 센바 지역 요리로 다랑어를 사용하지 않고 고등어뼈로 국물을 내어 고등어와 야채를 넣어서 만든 국물
粕汁	すり流し汁	のっぺい汁
카스지루	스리나가시지루	놋페이지루
술지게미 국	식재료를 강판에 갈아서 푼 국물	유부·야채 등을 맑은장국에 끓여서 갈분을 풀어 걸쭉하게 만든 장국

けんちん汁	眞汁	糞汁
켄찐지루	고지루	미소레지루
두부·우엉·표고 등을 기름에 볶아 조미한 된장국	물에 불린 콩을 갈아서 넣은 된장국	무를 강판에 갈아 넣고 끓인 국 (모양이 마치 싸라기 눈처럼 보인다고 해서 미조레라 함)
卯の花汁	納豆汁	
우노 하나 지루	낫토우지루	
비짓국	낫토국	

4. 和え物は 何 種類が ありますか?

아에모노와 난슈루이가 아리마스카?

무침은 몇 종류가 있습니까?

はい、基本の 和え物は 19種類が あります。

하이, 키혼노 아에모노와 쥬우큐우 슈루이가 아리마스.

네, 기본의 무침은 19종류가 있습니다.

からし和え、わさび和え、白和え、ごま和え、黒ごま和え、味噌和え、卯の花和え、ぼんぼり和え、みぞれ和え、納豆和え、梅肉和え、灘和え、煎り人参和え、黄身和え、黄身おろし和え、粉かつお和え、肝和え、真砂和え、に和え、酒盗和えです。

카라시아에、와사비아에、시라아에、고마아에、쿠로고마아에、미소아에、우노하나아에、본보리아에、미조레아에、낫토우아에、바이니쿠아에、나다아에、이리닌징아에、키미아에、키미오로시 아에、코나카쯔오아에、키모아에、마사고아에、니 아에、슈토우아에데스.

겨자 무침, 고추냉이 무침, 두부를 으깨서 만든 무침, 참깨 무침, 검은깨 무침, 된장 무침, 비지 무침, 육각 무침, 무를 강판에 갈아서 재료와 무침, 낫토 무침, 매실 장아찌 무침, 술지게미를 이용한 무침 요리, 볶은 당근 무침, 노른자 무침, 내린 노른자위 무침, 가루 가다랑어 무침, 내장 무침 대구알 무침, 가다랑어 내장 젓갈 무침입니다.

和え物 何 種類
아에모노 슈루이
무침의 종류

からし和え 카라시아에	わさび和え 와사비아에	白和え 시로아에	ごま和え 고마아에	黒ごま和え 쿠로고마아에
겨자 무침	고추냉이 무침	두부를 으깨서 채소와 버무리는 무침	참깨 무침	검은깨 무침
味噌和え	卯の花和え	ぼんぼり和え	みぞれ和え	納豆和え
된장 무침	비지 무침	육각 무침	무를 강판에 갈아 무채를 낸 무침	낫토 무침
梅肉和え 바이니쿠아에	灘和え 나다아에	煎り人参和え 이리닌징아에	黄身和え 키미아에	黄身おろし 和え 키미오로시아에
매실 장아찌 무침	효고현에서 술 지게미를 이용해서 만드는 무침	볶은 당근 무침	노른자 무침	내린 노른자위 무침
粉かつお和え 코나 카쯔아에	肝和え 키모아에	真砂和え 마사코아에	酒盗和え 슈도우아에	-
가루 가다랑어 무침	간을 져서 가는체에 내린 후 청주, 맛술 등으로 간을 맞추어 무침 소스로 사용	대구알 무침	가다랑어 내장젓갈로 무침	-

5. 煮物は 何 種類が ありますか?

니모노와 난슈루이가 아리마스카?

조림은 몇 종류가 있습니까?

はい、基本の 煮物は 10種類が あります。

하이, 키혼노 니모노와 쥬우슈루이가 아리마스.

네, 기본의 조림은 10종류가 있습니다.

基本の 煮物は 芝煮、沢煮、含め煮、煮浸し煮、すっぽん煮、あら煮、
旨煮、甘露煮、煮しめ、きゃら煮があります。

키혼노 니모노와 시바니, 사와니, 후쿠메니 니, 니비타시 니, 슷폰 니, 아라니, 우마니, 칸로니,
니시메, 캬라니가 아리마스.

기본 조림은 국물이 많게 조림, 맑은 국물 조림, 맛이 속까지 배게 하는 조
림, 은어나 붕어를 한번 구운 후 뼈까지 먹을 수 있게 부드럽게 조림, 자
라 조림, 살이 붙은 도미 머리뼈 조림, 맛 조림, 진한 단맛이 나게 하는 조림,
주로 연회나 도시락용으로 쓰이는 진하게 조리하여 오랫동안 먹을 수 있는
있는 고기 조림, 진한 간장 색깔로 조림이 있습니다.

煮物 10種類

니모노 쥬우 슈루이

조림 10종류

芝煮 시바니	沢煮 사와니	含め煮 후쿠메니
국물이 많게 조림	맑은 국물 조림	맛이 속까지 배게 하는 조림
煮浸し煮 니비타시니	すっぽん煮 슷폰니	あら煮 아라니
은어나 붕어를 한 번 구운 후 뼈까지 먹을 수 있게 부드럽게 조림	자라 조림	살이 붙은 도미 머리뼈 조림

旨煮	甘露煮	煮しめ
우마니	칸로니	니시메
여러 가지 채소 조림	진한 단맛이 나게 하는 조림	주로 연회나 도시락용으로 쓰이는 진하게 조리하여 오랫동안 먹을 수 있도록 고기 조림
きゃら煮		
카라니		
진한 간장 색깔 조림		

6. 焼き物は 何 種類が ありますか?

야키모노와 난슈루이가 아리마스카?

굽는 것은 몇 종류가 있습니까?

はい、11種類の 焼き方が あります。

하이, 쥬우이지 슈루이 야키 가타가 아리마스.

네, 11종류의 굽는 법이 있습니다.

塩焼き、硫黄焼き、味噌焼き、照り焼き、黄身焼き、雲丹焼き、若狭焼き くわ焼き、包み焼き、のせ焼き、挟み焼きです。

시오야키, 시오우야키, 미소야키, 테리야키, 키미야키, 우니야키, 와카사야키, 쿠와야키, 쯔쯔미야키, 노세야키, 하사미야키데스.

소금구이, 진간장, 청주 맛술에 유자를 썰어 넣고 담갔다 건져 구운 것, 된장구이, 간장, 설탕, 된장, 청주를 섞어 만든 소스를 발라 구이, 노른자구이, 성게구이, 와카사(지방)구이(가다랑어포를 국물 내어 청주로 섞어 발라 가면 굽는 구이), 오리구이(밭농사를 지을 때 사용하는 농기구를 이용하여 구웠다는 의미), 포장 구이(쿠킹 호일이나 나뭇잎으로 감싸서 하는 구이), 구이 위에 어떤 재료든 얹어서 굽는 구이, 재료를 교대로 샌드위치처럼 겹쳐서 굽는 구이입니다.

야키모노 슈루이

굽는 것 종류

塩焼き	硫黄焼き	味噌焼き
시오야키	이오우야키	미소야키
소금 구이	유황 구이	된장 구이
照り焼	黄身焼き	雲丹焼き
테리야키	키미야키	우니야키
간장, 설탕, 된장, 청주를 섞어 만든 소스를 발라 구이	노른자 구이	성게 구이
若狭焼き	くわ焼き	包み焼き
와카사야키	구와야키	쯔쯔미 야키
와카사(지방) 구이 (가다랑어포를 국물 내어 청주로 섞어 발라 가면 굽는 구이)	오리구이 (밭농사를 지을 때 사용하는 농기구를 이용하여 구웠다는 의미)	은박지에 감싸서 하는 구이
のせ焼き	挟み焼き	
노세야키	하사미야키	
구이 위에 어떤 재료든 얹어서 굽는 구이	재료를 교대로 샌드위치처럼 겹쳐서 굽는 구이	

7. 蒸し物は 何 種類が ありますか?

무시모노와 난슈루이가 아리마스카?

찌는 것은 몇 종류가 있습니까?

はい、7種類の 蒸し物が あります。

하이, 나나 슈루이노 무시모노가 아리마스.

네, 7종류의 찜이 있습니다.

基本 7種類は 酒蒸し、ちり蒸し、蕪蒸し、薯蕷蒸し、雑煮蒸し、野菜蒸し、茶碗蒸しです。

키혼 나나슈루이와 사카무시, 치리무시, 카부 무시, 야마이모 무시, 조오니 무시, 야사이 무시 차완무시데스.

기본 7종은 소금을 뿌린 어패류에 술을 뿌려서 찜 요리, 흰생선 야채 찜, 순무를 강판에 갈아 재료 위에 올려서 찜, 참마 찜, 떡국 찜, 야채 찜, 달걀 찜입니다.

蒸し物 種類

무시모노 슈루이

찜 종류

酒蒸し	ちり蒸し	蕪蒸し	薯蕷蒸し
사가무시	찌리무시	가부무시	야마이모무시
소금을 뿌린 어패류에 술을 뿌려서 찜	흰 생선, 야채 찜	순무를 강판에 갈아 재료 위에 올려서 찜	참마 찜
雑煮蒸し	野菜蒸し	茶碗蒸し	
조우니 무시	야사이 무시	자완무시	
떡국 찜	야채 찜	달걀 찜	

8. 揚げ物は 何 種類が ありますか?

아게모노와 난슈루이가 아리마스카?

튀기는 것은 몇 종류가 있습니까?

はい、5種類の 揚げ物が あります。

하이, 고 슈루이노 아게모노가 아리마스.

네, 5종류의 튀김이 있습니다.

基本の 揚げ物 5種類は 素揚げ、から揚げ、たこ揚げ、衣揚げ、さつま揚げです。

키혼노 아게모노 고슈와 스아게, 카라아게, 타츠타아게, 코로모아게, 사쯔마아게데스.

기본 튀김 5종류는 재료만 튀김, 재료에 전분을 묻혀 튀겨 바삭바삭한 느낌을 내는 튀김, 문어 튀김, 박력분 밀가루를 물에 풀어 튀김옷을 만들어 튀김, 생선을 갈아 날달걀, 채소 등을 섞어 오뎅처럼 튀기는 튀김입니다.

揚げ物 種類

아게모노 슈루이

튀김 종류

素揚げ 스아게	から揚げ 카라아게	たこ揚げ 타코아게
재료만 튀김	재료에 전분을 묻혀 튀겨 바삭바삭한 느낌으로 내는 튀김	문어 튀김
衣揚げ 코로모아게	さつま揚げ 사쯔마아게	
박력분 밀가루를 물에 풀어 튀김옷을 만들어 튀김	생선을 갈아 날달걀, 채소 등을 섞어 오뎅처럼 튀기는 튀김	

9. 酢の物は 何 種類が ありますか?

스모노와 난슈루이가 아리마스카?

초절임은 몇 종류가 있습니까?

はい、9種類の 酢の物が あります。

하이 큐우 슈루이노 스노모노가 아리마스.

네, 9종류의 초절임이 있습니다.

三杯酢、二杯酢、甘酢、土佐酢、加減酢、ポン 酢、黄身酢、ごま酢、なんばん酢です。

산바이 스, 니하이 스, 아마즈, 토사스, 카겐스, 폰즈, 키미스, 고마스, 난반스데스.

설탕(미림), 간장, 식초가 동일 배합 식초, 초간장 식초, 단 식초, 토사 지방 식초, 가감 식초, 감귤과즙 식초, 노른자 식초, 깨 식초, 홍고추와 대파를 우려낸 식초입니다.

酢の 9種類

스노 큐우슈루이

식초의 9종류

三杯酢	二杯酢	甘酢	土佐酢	加減酢
산바이스	니하이스	아마스	토사스	가겐스
3가지 배합 식초	초간장 식초	단 식초	토사 지방 식초	가감 식초
ポン酢	黄身酢	ごま酢	なんばん酢	
폰스	키미스	고마스	남반스	
감귤과즙 식초	노른자 식초	깨 식초	홍고추와 대파를 우려낸 식초	

10. ご飯物は 何 種類が ありますか？

고항모노와 난 슈루이가 아리마스카?

밥은 몇 종류가 있습니까?

はい、5種類<ruby>ごしゅるい</ruby>が あります。

하이, 고 슈루이가 아리마스.

네, 5종류가 있습니다.

基本<ruby>きほん</ruby>の 5種類<ruby>ごしゅるい</ruby>は 炊<ruby>た</ruby>き込<ruby>こ</ruby>み御飯<ruby>ごはん</ruby>、混<ruby>ま</ruby>ぜ御飯<ruby>ごはん</ruby>、雑炊<ruby>ぞうすい</ruby>、粥<ruby>かゆ</ruby>、お茶漬<ruby>ちゃづ</ruby>けです。

키혼노 고슈루이와 타키코미고항, 마제고항, 조우스이, 카유, 오차쯔케데스.

기본 5종류는 섞은 밥(쌀, 야채, 고기), 혼합(섞은)밥, 잡탕 죽(채소, 된장죽), 죽, 녹찻물에 말아 먹는 밥입니다.

御飯物<ruby>ごはんもの</ruby> 種類<ruby>しゅるい</ruby>

고항모노 슈루이

밥의 종류

炊き込み 御飯 타키코미 고항	混ぜ 御飯 마제 고항	雑炊 조우스이	お粥 오가유	お茶漬け 오차쯔케
섞은 밥 (쌀, 야채, 고기)	혼합(섞은)밥	밥을 물에 씻어 전분기를 없앤 후 채소와 함께 살짝 한 번만 끓인 것	죽	녹찻물 밥

11. 刺身<ruby>さしみ</ruby>の 種類<ruby>しゅるい</ruby>は 何<ruby>なに</ruby>が ありますか?

사시미노 슈루이와 나니가 아리마스카?

회의 종류는 무엇이 있습니까?

はい、大<ruby>おお</ruby>きく 分<ruby>わ</ruby>けて さっぱり系<ruby>けい</ruby>と こってり系<ruby>けい</ruby>が あります。

하이, 오오키쿠 와케테 삿빠리케이토 콧테리케이가 아리마스.

네, 크게 나누어 산뜻한 계통, 진한 계통(맛, 빛깔)이 있습니다.

12. さっぱり系<ruby>けい</ruby>は 何<ruby>なに</ruby>が ありますか?

삿빠리케이와 나니가 아리마스카?

산뜻한 종류는 무엇이 있습니까?

はい、白身魚のタイ、ヒラメ、魚介類ではイカ、帆立貝、赤身魚で ブリ、ハマチ、カンパチ、ヒラマサ、サーモンなどが あります。

하이, 시로미사카나노 타이, 히라메, 교카이루이데와 이카, 호타테, 아카미사카나데 부리, 하마치, 칸파치, 히라마사, 사-몬 나도가 아리마스.

네, 흰살 생선으로는 도미, 넙치, 어패류로는 오징어, 가리비, 붉은 살 생선은 방어, 방어의 새끼, 잿방어, 부시리, 연어 등이 있습니다.

さっぱり刺身

삿빠리 사시미

담백한 회

白身魚	タイ(鯛)	ヒラメ(鮃)	魚介類	イカ(烏賊)
시로미 사카나	타이	히라메	교카이루이	이카
흰살 생선	도미	넙치	어패류	오징어
帆立貝	赤身魚	ブリ	ハマチ	簡八
호타테카이	아카미 사카나	부리	하마찌	칸파찌
가리비	적살 생선	방어	방어 새끼	잿방어
平政				
히라마사				
부시리				

13. こってり系は 何が ありますか？

콧테리게이와 나니가 아리마스카?

맛(빛깔)이 아주 질은 모양의 종류는 무엇이 있습니까?

はい、マグロ、カツオ、サバ、イワシ、サンマが あります。

하이, 마구로, 카쯔오, 사바, 이와시, 산마가 아리마스.

네, 참치, 가다랑어, 고등어, 정어리, 꽁치가 있습니다.

こってり 刺身
콧테리 사시미

진한 맛 회

マグロ	カツオ	サバ	イワシ	サンマ
마구로	카쯔오	사바	이와시	삼마
참치	가다랑어	고등어	정어리	꽁치

14. 野菜類は どう やって 料理しますか？

야사이루이와 도우 얏테 료우리시마스카?

야채류 어떻게 요리합니까?

はい、野菜は "葉菜類" や "果菜類" など 分かれて おり "しっかり
と 洗う"、"水に 浸す" "アクを 抜く" "茹で" 料理をします。

하이, 야사이와 "요우사이루이"야 "카사이루이" 나도 와카레테 오리 "싯카리토 아라우", "미즈
니 히타스", "아쿠오 누쿠", "유데" 료우리 시마스.

네, 야채는 "엽채류"나 "과채류" 등 분리해서 "깨끗이 씻어서", "물속에
담그고", "쓴맛, 떫은 맛을 빼고", "삶아서" 요리를 합니다.

野菜 料理
야사이 료우리

야채 요리

しっかりと 洗う	水に 浸す	アクを 抜く	茹で
싯카리토 아라우	미즈니 히타스	아쿠오 누쿠	유데
잘 씻는다	물에 담근다	쓴맛이나 떫은 맛을 없앤다	삶는다

15. 魚介類は どう やって 料理しますか？

사카나루이와 도우 얏테 료우리시마스카?

생선류 어떻게 요리합니까?

はい、生きて いた 形から 調理します。

하이, 이키테 이타 카타찌카라 죠우리시마스.

네, 살아있는 형태에서 조리합니다.

魚、いか、えび、タコなど "ウロコ"を 取り除く ところから 始めます。

사카나, 이카, 에비, 타코나도 우로코오 토리노조쿠 토코로카라 하지메마스.

생선, 오징어, 새우, 문어 등 "껍질이나 비늘을 벗겨" 제거하기부터 시작합니다.

16. 肉類は どう やって 料理しますか？

니쿠루이와 도우얏테 료우리시마스카?

고기류 어떻게 요리합니까?

はい、豚肉、牛肉、鶏肉の 3種類で 下ごしらえ、酒に 浸す、血抜きや 臭み消し などが 必要となります。

하이, 부타니쿠, 큐우니쿠, 토리니쿠노, 산슈루이데 시타고시라에, 사케니 히타스, 찌누키야 쿠사미케시 나도가 히쯔요우토 나리마스.

네, 돼지고기, 쇠고기, 닭고기 3가지로 밑 처리, 술에 담그는 것, 피를 빼는 것, 냄새 제거 등이 필요합니다.

肉類

니쿠루이

육류

豚肉	牛肉	鶏肉
부타니쿠	큐우니쿠	토리니쿠
돼지고기	소고기	닭고기

17. 日本料理の 道具類は 何が ありますか?

니혼료우리노 도우구루이와 나니가 아리마스카?

일본요리의 도구류는 무엇이 있습니까?

はい、まな板、万能こし器、うらごし器、うらごし、枠、ボウル、盆、ザル、バット、すり鉢、杓子類、木ベラ、ターナー、ゴムベラ、骨抜き、魚焼き器、庖丁類、鍋類が あります。

하이, 마나이타, 반노우코시키, 우라고시키, 우라고시, 와쿠, 보우루, 방, 자루, 밧토, 스리바찌, 샤쿠지루이, 키베라, 타-나-, 키베라, 호네누키, 사카나 야키키, 호우죠우 루이, 나베루이 가 아리마스.

네, 만능도마, 만능체, 거름체, 체, 틀, 볼, 쟁반, 소쿠리, 배트(높이가 낮은 사각 팬 3~4cm 스테인리스나 알루미늄으로 만든 제품), 절구통, 국자류, 나무주걱, 선반, 터너, 고무주걱, 뼈 빼는 족집게, 생선구이 기, 칼류, 냄비류가 있습니다.

道具類

도우구루이

도구류

まな板 마나이타	万能こし器 만노우코시기	うらごし器 우라고시기	うらごし 우라고시	枠 와쿠
도마	만능체	거름체	체	틀
ボウル 보우루	お盆 오봉	ザル 자루	バット 밧토	すり鉢 스리바찌
볼	쟁반	소쿠리	배트(높이가 낮은 사각 팬 3~4cm	절구통
杓子類 샤쿠지루이	木ベラ 기베라	ターナー 타-나-	ゴムベラ 고무베라	骨抜き 호네누키
국자류	나무주걱	선반	고무 주걱	뼈 빼는 족집게
魚焼き器 사카나야키기	庖丁類 호우죠우루이	鍋類 나베루이	-	-
생선구이 기	칼류	냄비류		

第25課

<ruby>第<rt>だい</rt></ruby>**25**<ruby>課<rt>か</rt></ruby>

<ruby>日本<rt>にほん</rt></ruby>の <ruby>食<rt>た</rt></ruby>べ<ruby>物<rt>もの</rt></ruby> <ruby>種類<rt>しゅるい</rt></ruby>は
<ruby>何<rt>なに</rt></ruby>が ありますか?

니혼노 다베모노 슈루이와 나니가 아리마스카?
일본의 음식 종류는 무엇이 있습니까?

第25課

日本の 食べ物 種類は 何が ありますか?
니혼노 다베모노 슈루이와 나니가 아리마스카?

일본의 음식 종류는 무엇이 있습니까?

---

1. ## 日本の 食べ物 種類は 何が ありますか?
니혼노 다베모노 슈루이와 나니가 아리마스카?

일본의 음식 종류는 무엇이 있습니까?

はい、刺身、すきやき、天ぷら、トンカツ、燒き鳥、しゃぶしゃぶ、おにぎり、ラーメン、うどん、そば、ドンブリが あります。

하이, 사시미, 스키야키, 텐뿌라, 톤가스, 야키토리, 샤브샤브, 오니기리, 라멘, 우동, 소바, 돈부리가 아리마스.

네, 회, **전골 요리**, 튀김, 돈가스, 꼬치구이, 샤부샤부, 주먹밥, 라면, 우동, 메밀국수, 덮밥이 있습니다.

日本の 食べ物 種類
니혼노 다베모노 슈루이

일본의 음식 종류

刺身 사시미	すきやき 스키야키	天ぷら 텐푸라	トンカツ 돈까스	燒き鳥 야키도리	しゃぶしゃぶ 샤부샤부
생선회	전골 요리	튀김	돈까스	꼬치구이	샤부샤부

おにぎり 오니기리	ラーメン 라-멘	うどん 우동	そば 소바	カレー 카레-	ドンブリ 돈부리
주먹밥	우동	라면	메밀국수	카레	덮밥

2. 日本料理 ベスト 50種類は 何で しょうか?

니혼료우리 베스토 고쥬우 슈루이와 난데쇼오카?

일본요리 베스트 50종류는 무엇일까요?

はい、寿司、焼き肉、ラーメン、天ぷら、刺し身、唐揚げ、カレーライス、焼き鳥、焼き餃子、とんかつ、しゃぶしゃぶ、うどん、焼きそば、たこ焼き、おにぎり、焼き魚、うなぎ どん、鍋料理、果物、牛たん、お味噌汁、お好み焼き、蕎麦、丼、パスタ料理、オムライス、シーフードフライ、お米、おでん、カニ、日本茶、煮魚、豚のしょうが焼き、枝豆、玉子焼き、チキン南蛮、肉じゃが、焼き芋、チョコレート菓子、コロッケ、野菜、ポテトサラダ、豆腐、茶碗蒸し、メンチカツ、素麺、納豆、もんじゃ焼き、和菓子です。

하이, 스시, 야키니쿠, 라-멘, 텐푸라, 사시미, 카라아게, 카레-라이스, 야키토리, 야키 교우자, 돈카쯔, 야키소바, 타코야키, 야키자카나, 우나기돈, 나베료우리, 쿠다모노, 큐우탄, 오꼬노미야끼, 소바, 돈부리, 파스타료우리, 오무라이스, 시이후우도후라이, 오베에, 오덴, 카니, 니혼 차, 니자카나, 부타노 쇼오가 야키, 에다마메, 타마고야키, 치킨난반, 니쿠자가, 야키이모, 초코레-토가시, 코롯케, 야사이, 포테토사라다, 토우후, 차완 무시, 멘찌카쯔, 소오멘, 낫토우, 몬자 야키, 와가시데스.

네, 초밥, 불고기, 라면, 튀김, 생선회, 바삭하게 튀김, 카레라이스, 닭 꼬치구이, 군만두, 돈가스, 볶음국수, 문어구이 빵, 생선구이, 장어 덮밥, 냄비 요리, 과일, 우설 요리, 달걀, 채소와 해산물을 섞어 만든 전, 메밀국수, 덮밥, 파스타 요리, 오믈렛, 생선프라이, 쌀, 오뎅, 게, 일본차, 생선조림, 생강구이, 풋콩, 달걀말이, 난반 닭요리, 소고기 슬라이스와 함께 조린 감자, 군고구마, 초콜릿 과자, 크로켓, 야채, 감자 샐러드, 두부, 달걀찜, 생선가스, 소멘, 낫토, 몬자 야키, 일본 과자입니다.

日本料理 ベスト 50種類
니혼료우리 베스토 고쥬우 슈루이

일본요리 베스트 50종류

順位 슌이 순위	料理の 名前 료우리노 나마에 요리 이름	料理の 説明 료우리노 세쯔메이 요리의 설명
1	寿司 스시 초밥	お寿司の 食べ方, 種類 多様 오스시노 타베카타, 슈루이 타요우 올바른 초밥 먹는 법, 종류가 다양
2	焼き肉 야키니쿠 불고기	神戸牛が 特に 人気 코오베큐가 토쿠니 닌키 고베 소고기가 특히 인기
3	ラーメン 라-멘 라면	日本料理 として ラーメン 니혼료우리 토시테 라-멘 일본 음식으로 라면
4	天ぷら 텐푸라 튀김	秋の「もみじ 天ぷら」が 話題 아키노 모미지 텐푸라가 와다이 가을의 "단풍 색깔처럼 오색의 튀김"이 화제
5	刺し身 사시미 회	新鮮な 魚を 安心して 食べる 신센나 사카나오 안신시테 타베루 신선한 생선을 안심하고 먹는다
6	唐揚げ 카라아게 바삭 튀김	唐揚げ 料理, 鶏串焼き 카라아게 료우리, 니와토리 쿠시야키 바삭 튀김 요리, 닭 꼬치구이
7	カレーライス 카레-라이스 카레라이스	カレーライスは, ラーメンと ともに 国民食事 카레-라이스와 라-멘토 토모니 코쿠민쇼쿠지 카레라이스는 라면과 함께 국민 음식
8	焼き鳥 야키토리 닭꼬치	焼き鳥の 中では、ネギまが 一番, 雀の 焼き鳥 야키토리노 나카데와 네기마가 이찌반, 스스메노 야키토리 닭꼬치 중 네기마(ネギま, 닭고기와 파를 한 꼬챙이에 꽂은 것)가 추천하고 싶은 닭꼬치 구이

9	焼き餃子 야키 교우자 **군만두**	豚ひき肉, キャベツ, ニンニク, ニラを 入れるの が 人気 부타히키니쿠, 캬베츠, 닌니쿠, 니라오 이레루노가 닌키 돼지고기, 고기 갈은 것을 청주에 익힌 것. 양배추, 마늘, 부추를 넣는 것이 인기
10	とんかつ 돈카쯔 **돈가스**	みそ汁, ご飯, キャベツが 食べる 미소지루, 고한, 캬베츠가 타베루 된장국, 밥, 양배추와 먹는다
11	しゃぶしゃぶ 샤브샤브 **샤부샤부**	薄い 肉を 肉汁に ゆでて ソースに つけて 食べ る なべ料理 우수이 니쿠오 니쿠시루니 유데테 소오스니 쯔케테 타베루 나베료우리 얇은 고기를 육수에 데쳐 소스에 찍어 먹는 냄비 요리
12	うどん 우동 **우동**	鍋焼き うどん 나베야키 우동 냄비 구이 우동
13	すき焼き 스키야키 **전골 요리**	肉, 野菜を 鉄鍋で 焼いたり 煮たりして 作った 料理 니쿠, 야사이오 테쯔나베데 야이타리, 니타리 시테 쯔쿳타 료우리 육류, 야채를 철 냄비에 굽거나 삶거나 하여 만든 요리
14	焼きそば 야키소바 **볶음국수**	麺に 豚肉, キャベツ, にんじん, たまねぎ, もや し などの 野菜と 一緒に 炒めて ウスタソースを 味付けして 作る 멘니 부타니쿠, 캬베츠, 닌징, 타마네기, 모야시 나도노 야사이토 잇쇼니 이타메테 우스타소-스오 아지츠케시테 쯔쿠루 면에 돼지고기, 양배추, 당근, 양파, 콩나물 등의 채소 등과 함께 볶아 우스터 소스를 양념해 만든다.
15	たこ焼き 타코야키 **문어구이 빵**	チーズや バナナ, チョコレートを 入れた 変わっ た たこ 焼きも 登場 치-즈야 바나나, 초코레-토우 이레타 카왓타 타코야키모 토우죠우 치즈와 바나나, 초콜릿을 넣은 특이한 문어구이 빵도 등장

16	おにぎり 오니기리 주먹밥	ご飯に 材料を 入れて 三角形, 丸い形などで 作った 食べ物 고한니 자이료우오 이레테 산카쿠케이, 마루이 카타찌나도데 쯔쿳타 다베모노 밥에 재료를 넣고 삼각형, 둥근형 등으로 만든 음식
17	焼き魚 야키자카나 생선구이	魚を 焼いた 料理 사카나오 야이타 료우리 생선을 구운 요리
18	うなぎどん 우나기돈 장어 덮밥	ウナギ丼, たれが かかった ごはんが 好まれて いる 우나기 돈부리, 타레가 카캇타 고한가 코노마레테이루 장어 덮밥, 소스가 있는 것을 좋아한다
19	鍋 料理 나베 료우리 냄비 찌개	大根おろしで キャラクターなどを デザインする, アート鍋も 話題 다이콘오로시데 캬라쿠타-나도오 데자인스루 아-토나베모 와다이 무를 체질하여 캐릭터 등을 디자인하는, 아트 냄비도 화제
20	菓物 쿠다모노 과일	安全, 安心で 人気, ハート型のスイカも 登場 안젠, 안신데 닌키, 하-토 가타노 스이카모 토우죠우 안전, 안심하고 인기, 하트형 수박도 등장
21	牛たん 큐우탄 소의 혀	食感が人気で 牛の 舌を ゆで 薄く スライスして 食べ, 食感と 味がいい 쇼칸가 닌키데 우시노 시타오 유데테 우스쿠 스라이스시테 타베 숏칸토 아지가 이이 식감이 인기가 있어서 우설을 삶아 얇게 썰어서 먹으면 식감과 맛이 좋음
22	お味噌汁 오미소지루 된장국	ごはんを 入れたり 麺を 入れたり するのが 人気 고한오 이레타리 멘오 이레타리 스루노가 닌키 밥을 넣거나 국수를 넣는 것이 인기
23	お好み焼き 오꼬노미야키 오코노미야키	小麦粉, キャベツ, ソース, 菁のり, マヨネーズの 材料で作られた 鉄板焼きで 庶民的な 食べ物 코무기코, 캬베츠, 소-스, 아오노리, 마요네-즈노 자이료우데 쯔쿠라레타 텟판야키데 쇼민테키나 다베모노 밀가루, 양배추, 소스, 파래, 마요네즈의 재료로 만든 철판구이로 서민적인 음식

24	蕎麦 소바 메밀국수	そば粉を 使って 加工した 麺料理 소바코오 쯔캇테 카코오시타 멘료우리 메밀가루를 사용하여 가공한 면 요리
25	丼 돈부리 덮밥	親子丼、牛丼、カツ丼が 人気 오야코동, 규동, 가쯔동가 닌키 닭고기 달걀 덮밥, 소고기덮밥, 돈가스를 얹은 덮밥이 인기
26	パスタ料理 파스타료우리 파스타 요리	日本 オリジナルの レシピが 大好き 니혼 오리지나루노 레시피가 다이스키 일본 오리지널 레시피를 좋아한다
27	オムライス 오무라이스 오믈렛	オムレツ丼 たまご フライ、ケチャップ ライス、チキンライス、バターライスなどが ある 오무레쯔돈부리, 타마고 후라이, 케챠푸 라이스, 치킨 라이스, 바타－라이스 나도가 아루 오믈렛 덮밥, 달걀 프라이, 케첩라이스, 치킨라이스, 버터라이스가 있다
28	シーフード フライ 시-후-도 후라이 해산물 튀김	エビフライが 人気 에비 후라이가 닌키 새우 튀김이 인기
29	お米 / 米飯 오코메/베이항 쌀 / 쌀밥	お米の 弾力や モチモチ感が 人気 오코메노 단료쿠야 모찌모찌칸가 닌키 쌀의 탄력과 끈기가 인기
30	おでん 오뎅 어묵	こんにゃく、大根、卵が 人気 콘냐쿠, 다이콘, 타마고가 닌키 곤약, 무, 달걀이 인기
31	カニ 카니 게	カニの 多様な 調理 方法 카니노 타요우나 죠우리 호우호우 게의 다양한 조리방법
32	日本茶 니혼 차 일본 차	健康的だと ブーム 켄코우테키다토 브-무 건강하다고 해서 붐
33	煮魚 니자카나 생선조림	煮魚の 缶詰が 人気 니자카나노 칸즈메가 닌키 생선조림의 통조림이 인기

34	豚の 生姜焼き 부타노 쇼우가 야키 돼지 생강구이	豚に 生姜を 使う ことが 新鮮 부타니 쇼우가오 쯔카우 코토가 신센 돼지고기에 생강을 쓰는 것이 신선
35	枝豆 에다마메 파란 콩	青い豆を 塩で ゆでる ことで スナック として 販売 아오이 마메오 시오데 유데루 코토데 스낫쿠토 시테 한바이 파란 콩을 소금으로 삶는 것으로 스낵으로서 판매
36	玉子焼き 타마고 야키 달걀구이	料理 職人 技術が 芸術 作品として 有名 료우리 쇼쿠닌 기슈쯔가 게이슈쯔 사쿠힌 토시테 유우메이 요리 장인기술이 예술 작품으로 유명
37	チキン南蛮 치킨남반 난반 닭요리	南蛮の チキン料理で 一番 人気の メニューは タルタルソース 난반노 치킨 료우리데 이치반 닌키노 메뉴-와 타루타루 소-스 남반의 닭요리로 가장 인기있는 메뉴는 타르타르 소스
38	肉じゃが 니쿠쟈가 고기 감자	肉、じゃがいも、たまねぎ、こんにゃくを 油で 炒めた 後 しょうゆ、さとう、みりんで 煮詰めた もの 니쿠, 쟈카이모, 타마네기, 콘냐쿠오 아부라데 이타메타 아토 쇼우유, 사토우, 미린데 니쯔메타 모노 고기, 감자, 양파, 곤약을 기름에 볶은 후 간장, 설탕, 미림으로 조림한 것
39	焼き芋 야키이모 군고구마	さつまいもは 糖度が 高い 사쯔마이모와 토우도가 타카이 고구마는 당도가 높다
40	チョコレート菓子 초코레-토 가시 초콜릿 과자	チョコレート 菓子が 人気 초코레-토 카시가 닌키 초콜릿 과자가 인기
41	コロッケ 코롯케 크로켓	フランス 料理の 「クロケット」が ルーツ 후란스 료우리노 쿠로켓토가 루-쯔 프랑스 음식 크로켓이 원조 ゆでた じゃがいもを つぶし、肉，たまねぎ、海産物を 混ぜて、小麦粉、卵、パン粉の 順に 着せて 油で 揚げたもの 유데타 쟈카이모오 쯔부시, 니쿠, 타마네기, 카이산부쯔오 마제테, 코무기코, 타마고, 빵코노 준니 키세테 아부라데 아게타 모노 삶은 감자를 으깨, 고기, 양파, 해산물 다진 것을 섞어 밀가루, 달걀, 빵가루 순으로 입혀 기름에 튀긴 것.

42	野菜 야사이 야채	新鮮て 食べられる 신센테 타베라레루 신선하게 먹을 수 있다
43	ポテトサラダ 포테토 사라다 감자 샐러드	ポテトを つぶして 作る オリジナルの レシピが 人気 포테토우 쯔부시테 쯔쿠루 오리지나루노 레시피가 닌키 감자를 으깨서 만드는 오리지널 레시피가 인기
44	豆腐 도우후 두부	世界的 ヘルシーフードで 豆腐と フルーツを 混ぜて スムージーに するのが 人気 세카이테키 헤루시이 후우도데 토우후토 후루-쯔오 마제테 스무우지이니 스루노가 닌키 세계적 건강식품의 대표로 두부와 과일을 섞어 스무디로 만드는 것이 인기
45	茶碗蒸し 자완무시 달걀찜	カスタードクリームの ようで 人気 카스타-도쿠리이무노 요우데 닌키 커스터드 크림 같다고 인기
46	メンチカツ 멘찌카쯔 민스 커틀릿	豚肉, 牛肉, たまねぎ, 塩, 胡椒などを 混ぜて コイン模様を 作り, 小麦粉, 卵, パン粉の 順に 着せて 油で 揚げたもの 부타니쿠, 큐우니쿠, 타마네기, 시오, 코쇼우 나도오 마제테 코인 모요우오 쯔쿠리 코무기코, 타마고, 판코나데 후쿠오 키세테 아브라데 아게타 료우리 다진 돼지고기, 쇠고기, 양파, 소금, 후추 등을 섞어서 동전 모양을 만들고 밀가루, 달걀, 빵가루로 옷을 입혀 튀긴 요리
47	素麺 소우멘 소멘	麺類の 一つで 夏 冷たくして 食べるのが 人気 멘루이노 히토쯔데 나쯔니 쯔메타쿠시테 타베루노가 닌키 면류의 일종으로 여름날 차게 먹는 것이 인기
48	納豆 낫토우 낫토	豆を 醗酵させた 伝統食品で 朝食事に 好んで 食べる. 健康 食品として 人気 마메오 핫코우사세타 덴토우쇼쿠힝데 아사쇼쿠지니 코논데 타베루. 켄코우쇼쿠힝토 시테 닌키 콩을 발효시켜 만든 전통식품(청국장)으로 아침식사로 즐겨 먹는다. 건강식품으로 인기

49	もんじゃ焼き 몬자야키 몬자야키	'お好み焼き'と似たもので小麦粉, 野菜, 海産物を 混ぜ合わせ, 鉄板に かけて 食べる 関東料理. 人気の メニューは 海鮮もんじゃ 오코노미야키 토 니타 모노데 코무기코, 야사이, 카이산부쯔오 마제아와세, 텟판니 카케테 타베루 칸토우 료우리. 닌키노 메뉴우와 카이센 몬자야키 '오코노미야키'와 비슷한 것으로 밀가루, 야채, 해산물을 섞어 넣고 철판에 부쳐서 먹는 관동 지방 요리, 인기있는 메뉴는 해물 몬자야키
50	和菓子 와가시 일본 과자	日本式 菓子で 一番 人気は どら焼き, カステラ 니혼시키 카시데 이찌반 닌키와 도라야키, 카스테라 가장 인기는 도라야키, 카스텔라

第26課

<ruby>第<rt>だい</rt></ruby> **26** <ruby>課<rt>か</rt></ruby>

<ruby>西洋<rt>せいよう</rt></ruby> <ruby>料理<rt>りょうり</rt></ruby>を <ruby>勉強<rt>べんきょう</rt></ruby>
しましょう。

세이요우 료우리오 벤쿄우시마쇼우.

서양 요리를 공부합시다.

第26課

西洋 料理を 勉強しましょう。
せいよう りょうり べんきょう

세이요우 로우리오 벤쿄우시마쇼우.

서양 요리를 공부합시다.

---

1. ### 西洋 料理 基本 調理法は 何が ありますか?
   せいよう りょうり きほん ちょうりほう なに

   세이료우리 키혼 죠우리호우와 나니가 아리마스카?

   서양요리 기본 조리법은 무엇이 있습니까?

   ### はい、湿熱 調理法、乾熱 調理法、複合 調理法が あります。
   しつねつ ちょうりほう かんねつ ちょうりほう ふくごう ちょうりほう

   하이, 시쯔네쯔 죠우리호우, 칸네즈 죠우리호우, 후쿠고우 죠우리호우가 아리마스.

   네, 습열 조리법, 건열 조리법, 복합 조리법이 있습니다.

基本 調理法
きほん ちょうりほう

키혼 죠우리 호우

기본 조리법

湿熱 調理法	乾熱 調理法	複合 調理法
시쯔네쯔 죠우리 호우	칸네즈 죠우리호우	후쿠코우 죠우리호우
습열 조리법	건열 조리법	복합 조리법

2. 湿熱 調理法の 種類は 何が ありますか?

시쯔네쯔 죠우리호우노 슈루이와 나니가 아리마스카?

습열 조리법의 종류는 무엇이 있습니까?

はい、ブレンチング、ボイルリング、フォーチング、シンマリング、スティミングが あります。

하이, 부렌친구, 보이루린구, 훠-찐구, 신마린구, 스티민구가 아리마스.

네, 블렌칭, 보일링, 포칭, 심머링, 스티밍이 있습니다.

湿熱 調理法

시쯔네쯔 죠우리호우

습열 조리법

ブレンチング	ボイルリング	フォーチング	シンマリング	スティミング
야구	아게루	무스	유데루	이타메루
굽다	튀기다	찌다	데치다	볶다

3. 乾熱 調理法は 何が ありますか?

칸네쯔 죠우리호우와 나니가 아리마스카?

건열 조리법은 무엇이 있습니까?

はい、ベーキング、ブロイリング、グリリング、ディムフライン、パンフライン、ローティングが あります。

하이, 베에킹구, 부로이린구, 구리린구, 디무후라인, 판 후라인, 로-틴구가 아리마스.

네, 베이킹(굽기), 브로일링, 그릴링, 딤플라잉, 팬프라잉, 로스팅이 있습니다.

4. 複合 調理法は 何が ありますか?

후쿠고오 죠우리호우와 나니가 아리마스카?

복합 조리법은 무엇이 있습니까?

はい、乾熱と 湿熱の 調理方法を 使用する ブレージング、ポトロ
スティング、スチューニングが あります。

하이, 칸네쯔토 시쯔네쯔노 죠우리호우호우오 시요우스 부레-진구, 포토로스틴구, 스추-닌구가
아리마스.

네, 건열과 습열 조리방법을 사용하는 브레징, 포토로스팅, 스튜닝이
있습니다.

5. ストッ
クは 何ですか?

스톳쿠와 난데스카?

스톡(육수)은 무엇입니까?

はい、西洋 料理に 基本と なる 材料です。

하이, 세이요우 료우리니 키혼토 나루 자이료우데스.

네, 서양 요리에 기본이 되는 재료입니다.

6. いい ストックを 作る 条件は 何ですか?

이이 스톳쿠오 쯔쿠루 조우켄와 난데스카?

좋은 스톡을 만드는 조건은 무엇입니까?

はい、冷たい 水、香辛料、自然的な 清浄さ、不純物 除去です。

하이, 쯔메타이 미즈, 코우신료우, 시젠테키나 세이조우사, 후준부쯔 조쿄데스.

네, 찬물, 향신료, 자연적인 청정함, 불순물 제거입니다.

ストック 条件

스톳쿠 죠우겐

스톡의 조건

冷たい 水	香辛料	自然的な 清浄さ	不純物 除去
쯔메타이 미즈	코우신료우	시젠테키나 세이죠우사	후준부쯔 조쿄
차가운 물	향신료	자연적인 청정	불순물 제거

7. ストックの 種類は 何が ありますか?

스톳쿠노 슈루이와 나니가 아리마스카?

스톡의 종류는 무엇이 있습니까?

はい、ホワイト ストック、ブラウンス トックが あります。

하이, 호와이토 스톳쿠, 부라운 스톳쿠가 아리마스.

네, 화이트 스톡, 브라운 스톡으로 나뉩니다.

8. ストックの 材料は 何が ありますか?

스톳쿠노 자이료우와 나니가 아리마스카?

스톡의 재료는 무엇이 있습니까?

はい、肉、魚、鶏、野菜です。

하이, 니쿠, 사카나, 니와토리, 야사이데스.

네, 고기, 생선, 닭, 야채입니다.

9. スープは 何ですか?

스-프와 난데스카?

수프는 무엇입니까?

はい、スープは 食事に 一番 最初に 提供される 料理で 肉、魚、
野菜を 煮込んで 料理した ものです。

하이, 스-프와 쇼쿠지니 이찌반 사이쇼니 테이쿄우사레루 료우리데 니쿠, 사카나, 야사이오 니
콘데 료우리시타 모노데스.

네, 수프는 식사에 가장 먼저 제공되는 요리로 고기, 생선, 야채를 끓여
조리한 것입니다.

10. スープの 種類は 何が あります?

스-프노 슈루이와 나니가 아리마스카?

수프의 종류는 무엇이 있습니까?

はい、清スープ、濃いスープ、冷やしたスープ、国家別のスープ、リエゾンスープが あります。

하이, 키요이 스-프, 코이 스-프, 히야시타 스-프, 콧가베쯔노 스-프, 리에존스-프가 아리마스.

네, 맑은 수프, 진한 수프, 찬 수프, 나라별 수프, 리에종 수프가 있습니다.

スープの 種類

스-프노 슈루이

수프의 종류

清スープ	濃いスープ	冷やしたスープ	国家別の スープ	リエゾンスープ
기요이 스-프	코이 스-프	히야시타 스-프	콧가베쯔 스-프	리에존 스-프
맑은 수프	진한 수프	찬 수프	국가별 수프	리에종 수프

11. 清スープの 種類は 何が ありますか?

키요이 스-프노 슈루이와 나니가 아리마스카?

맑은 수프의 종류는 무엇이 있습니까?

はい、コンソメ、ブロス、野菜スープが あります。

하이, 콘소메, 부로스, 야사이 스-프가 아리마스.

네, 콩소메, 브로스, 야채 수프가 있습니다.

清スープの 種類

키요이스-프노 슈루이

맑은 수프의 종류

コンソメスープ	ブロススープ	野菜スープ
콘소메 스-프	브로스 스-프	야사이 스-프
콩소메 수프	브로스 수프	야채 수프

12. 濃い スープは 何が ありますか?

코이 스프와 나니가 아리마스카?

진한 수프(틱 수프)는 무엇이 있습니까?

はい、クリーム スープ、ピューレ スープ、チャウダ スープが あ
ります。

하이, 쿠리-무 스프, 퓨-레 스프, 차우다 스프가 아리마스.

네, 크림 수프, 퓌레 수프, 차우더 수프가 있습니다.

濃いスープ

코이스-프

진한 수프

クリーム スープ 크리무 스-프	ピューレ スープ 퓨-레 스프	チャウダ スープ 차우다 스-프
크림 수프	퓌레 수프	차우더 수프

13. 国家別 スープは 何が ありますか?

콧가베쯔 스-프와 나니가 아리마스카?

국가별 수프는 무엇이 있습니까?

はい、アメリカの ジャガイモ スープ、イギリス、イタリア、ロシア、
タイのスープが あります。

하이, 아메리카노 자카이모 스프, 이기리스, 이타리아, 로시아, 타이노 스프가 아리마스.

네, 미국의 감자 수프, 영국, 이탈리아, 러시아, 태국의 수프가 있습니다.

14. リエゾン スープは 何が ありますか?

리에존 스-프와 나니가 아리마스카?

리에종 수프는 무엇이 있습니까?

はい、ルック、スターチ、バター、クリーム、ベルマニエ、卵黄、
ピューレの スープが あります。

하이, 룻쿠, 스타-찌, 바타-, 쿠리-무, 베루마니에, 란오우, 퓨-레노 스-프가 아리마스.

네, 룩크, 전분, 버터, 크림, 뵈르 마니에, 노른자, 퓌레의 수프가 있습니다.

リエゾン スープ

리에존 스-프

리에종 수프

ルック スープ 루크 스-프	スターチ スープ 스타치-스-프	バター スープ 바타- 스-프	卵黄 スープ 란오우 스-프
룩 수프	전분 수프	버터 수프	노른자 수프
クリーム スープ 크리-무 스-프	ベルマニエ スープ 베루마니에 스-프	ピューレスープ 퓨-레 스-프	
크림 수프	뵈르 마니에 수프	퓌레 수프	

第27課

メニューは 何ですか?

메뉴-와 난데스카?

메뉴는 무엇입니까?

第27課

メニューは 何ですか?
메뉴-와 난데스카?

메뉴는 무엇입니까?

---

1. メニューは 何ですか?
메뉴-와 난데스카?

메뉴는 무엇입니까?

はい、メニュー 作成を 言います。
하이, 메뉴- 사쿠세이오 이이마스.

네, 식단 작성을 말합니다.

---

2. メニューの 重要な 要素は 何ですか?
메뉴-노 쥬우요우나 요우소와 난데스카?

메뉴의 중요한 요소는 무엇입니까?

はい、業種、厨房 施設、厨房 人材、栄養 調和、予算、材料 購入 容易、メニュー用語の 活用です。
하이, 교우슈, 쥬우보우 시세쯔, 쥬우보우루 진자이, 에이요우 쵸우와, 요산, 자이료우 코우뉴우 요우이, 메뉴-요우고노 카쯔요우데스.

네, 업종, 주방시설, 주방인력, 영양 조화, 예산, 재료 구입 용이, 메뉴 용어 활용입니다.

メニューの 重要な 要素
메뉴-노 쥬우유우 요우소

메뉴의 중요 요소

業種	厨房 施設	厨房 人材	榮養 調和
교우슈	쥬우보우 시세쯔	쥬우보우 진자이	에이요우 죠우와
업종	주방시설	주방 인력	영양 조화
予算	材料 購入 容易	メニュー用語 活用	
요산	이료우 코우뉴우 요우이	메뉴-요우고 카쯔요우	
예산	재료 구입 용이	메뉴 용어 활용	

3. メニューの 種類は 何が ありますか?
메뉴-노 슈루이와 나니가 아리마스카?

메뉴의 종류는 무엇이 있습니까?

はい、フルコース メニュー、一品 メニュー、デイリー メニュー、年中 メニュー、季節別 メニューが あります。
하이, 후루코-스 메뉴-, 잇핀 메뉴-, 데이리- 메뉴-, 넨쥬우 메뉴-, 키세쯔베쯔 메뉴-가 아리마스.

네, 풀코스 메뉴, 일품 메뉴, 데일리 메뉴, 연중 메뉴, 계절별 메뉴가 있습니다.

メニューの 種類
메뉴-노 슈루이

메뉴의 종류

フルユース メニュー	一品 メニュー	デイリー メニュー	年中 メニュー	季節別 メニュー
후루코-스 메뉴-	잇핀 메뉴-	데이리- 메뉴-	넨쥬우 메뉴-	키세쯔베쯔 메뉴-
풀코스 메뉴	일품 메뉴	데일리 메뉴	연중 메뉴	계절별 메뉴

4. フルコース メニューの 順序は どう なりますか?

후루코-스 메뉴-노 쥰조와 도우 나리마스카?

풀코스 메뉴의 순서는 어떻게 됩니까?

はい、前菜 料理 → スープ → 魚 → サラダ → メイン 料理 → デザート → コーヒー、ティー 手順です。

하이, 젠사이 료우라→ 스-프→ 사카나→ 사라다→메인 료우라→ 데자-토→ 코-하-, 티- 쥰조데스.

네, 전채요리 → 수프 → 생선 → 샐러드 → 메인 요리 → 디저트 → 커피, 차 순서입니다.

5. 食事の 形態は 何が ありますか?

쇼쿠지노 케이타이와 나니가 아리마스카?

식사의 형태는 무엇이 있습니까?

はい、朝食、ブランチ、昼食、夕食が あります。

하이, 죠우쇼쿠, 부란찌, 쮸우쇼쿠, 유우쇼쿠가 아리마스.

네, 아침 식사, 브런치, 점심식사, 저녁 식사가 있습니다.

第28課

ドレッシング、ソース、ハーブと 香辛料は 何が ありますか?

도렛신구, 소-스, 하-부토 코우신료우와 나니가 아리마스카?

드레싱, 소스, 허브와 향신료는 무엇입니까?

ドレッシング、ソース、ハーブと 香辛料は 何が ありますか?

도렛신구, 소-스, 하-부토 코우신료우와 나니가 아리마스카?

드레싱, 소스, 허브와 향신료는 무엇입니까?

---

1. ドレッシングは 何ですか?

도렛신구와 난데스카?

드레싱은 무엇입니까?

はい,冷たい ソースで 主要 材料は オイルと ハーブです。

하이, 쯔메타이 소-스데 쥬우요우 자이료우와 오이루토 하-부데스.

네, 차가운 소스로 주재료는 오일과 허브입니다.

---

2. ドレッシングの 用途は 何ですか?

도렛신구노 요우토와 난데스카?

드레싱의 용도는 무엇입니까?

はい、料理の 風味、装飾、柔らかさ、消化 促進剤の 役割です。

하이, 료우리노 후우미, 료우리노 소우쇼쿠, 료우리노 야와라카사, 쇼오카 소쿠신자이노 야쿠와리데스.

네, 요리의 풍미, 장식, 부드러움, 소화 촉진제 역할입니다.

ドレッシングの 用途

도레싱구의 요우도

드레싱의 용도

料理の 風味	料理の 装飾	料理の 柔らかさ	消化 促進剤
료우리노 후우미	료우리노 소우쇼쿠	료우리노 야와라카사	쇼오카 소쿠신자이
요리의 풍미	요리의 장식	요리의 부드러움	소화 촉진제

3. ドレッシングの 種類は 何が ありますか?

도렛신구노 슈루이와 나니가 아리마스카?

드레싱의 종류는 무엇이 있습니까?

はい、フレンチ ドレッシング、イタリ アンドレッシング、ファースト ドレッシング、サウゼンアイスランド ドレッシング、マヨネーズ ドレッシング、カクテル ソース、バーベキュー ソース、ホルセラディッシュソース、カーパランド ソース、タタ ソースが あります。

하이, 후렌찌 도렛신구, 이타리안 도렛신구, 화-스토 도렛신구, 사우젠 아이스란도 도렛신구, 마요네-즈 도렛신구, 카쿠테루 소-스, 바-베큐-소-스, 호루세라디슈소-스, 카- 파란도 소-스, 타타소-스가 아리마스.

네, 프렌치 드레싱, 이탈리안 드레싱, 퍼스트 드레싱, 사우전드 아일랜드 드레싱, 마요네즈 드레싱, 칵테일 소스, 바비큐 소스, 홀스래디시 소스, 카파랜드(그리이스) 소스, 타타 소스가 있습니다.

ドレッシングの 種類

도레싱구의 슈루이

드레싱의 종류

フレンチ ドレッシング	イタリ アンドレッシング	ファースト ドレッシング
프렌치 드레싱	이탈리안 드레싱	파스트 드레싱
프렌치 드레싱	이탈리안 드래싱	퍼스트 드레싱

ウゼンアイスランド ドレッシング 사우젠 아이스란도 도렛신구 **사우전드 아일랜드 드레싱**	マヨネーズ ドレッシング 마요네즈 드레싱 **마요네즈 드레싱**	カクテル ソース 카쿠테루 소-스 **칵테일 소스**
バーベキュー ソース 바-베큐-소-스 **바비큐 소스**	ホルセラディッシュソース 호루세라디슈소-스 **홀스래디시 소스**	カーパランド ソース 카- 파란도 소-스 **카파랜드 (그리이스) 소스**
タタ ソース 타타 소-스 **타타 소스**		

4. ソースの 使用 目的は 何ですか?
소-스노 시요우 모쿠테키와 난데스카?
소스의 사용 목적은 무엇입니까?

はい、料理の 味と 香りを 豊かに する ことです。
하이, 료우리노 아지토 카오리오 유타카니 스루 코토데스.
네, 요리의 맛과 향을 풍성하게 해주는 것입니다.

5. 色に よる ソースの 種類は 何が ありますか?
이로니 요루 소-스노 슈루이와 나니가 아리마스카?
색깔에 따른 소스의 종류는 무엇이 있습니까?

はい、白色、黄色、赤色 茶色の ソースが あります。
하이, 시로이로, 키이로, 아카이로, 쟈이로노 소-스가 아리마스.
네, 흰색, 황색, 노란색, 붉은색, 갈색 소스가 있습니다.

6. 代表的<ruby>だいひょうてき</ruby>な 5代<ruby>ごだい</ruby>の ソースは 何<ruby>なに</ruby>が ありますか?

다이효오테키나 고 다이노 소-스와 나니가 아리마스카?

대표적인 5대 소스는 무엇이 있습니까.

はい、ベシャメルソース、ベルテソース、エスパニョールソース、トマトソース、ホランダイズソースが あります。

하이, 베샤메루 소-스, 베루테 소-스, 에스파뇨-루 소-스, 토마토 소-스, 호란다이즈소-스가 아리마스.

네, 베샤멜 소스, 벨루테소스, 에스파뇰 소스, 토마토 소스, 홀랜다이즈 소스가 있습니다.

代表的<ruby>だいひょうてき</ruby>な 5代<ruby>ごだい</ruby> ソース

다이효우테키나 고다이 소스

대표적 5대 소스

ベシャメルソース	ベルテソース	エスパニョールソース	トマトソース	ホランダイズソース
베샤메르소-스	베루테소-스	에스바뇰소-스	토마토소-스	호란다이즈소-스
베샤멜 소스 (흰색 소스)	벨루테 소스 (블론드색)	에스파뇰 소스 (갈색)	토마토 소스 (적색)	홀랜다이즈 소스 (황색)

7. ベシャメル ソースは どの ように 作<ruby>つく</ruby>りますか?

베샤메루소-스와 도노요우니 쯔쿠리마스카?

베샤멜 소스는 어떻게 만듭니까?

はい、ホワイト ソースで 軽<ruby>かる</ruby>い ルと 牛乳<ruby>ぎゅうにゅう</ruby>て 作<ruby>つく</ruby>ります。

하이, 호와이토 소-스데 카루이 루토 큐우뉴우데 쯔쿠리마스.

네, 화이트 소스로 가벼운 루와 우유로 만듭니다.

8. ベルテソースースは どう やって 作りますか?

베루테소-스와 도우얏테 쯔쿠리마스카?

벨루테 소스는 어떻게 만듭니까?

はい、柔らかい ソースで ルと ストックて 作ります。

하이, 야와라카이 소-스데 루토 스톳쿠데 쯔쿠리마스.

네, 부드러운 소스로 루와 스톡으로 만듭니다.

9. エスパニョール ソースは どの ように 作りますか?

에스파뇨루 소-스와 도노요우니 쯔쿠리마스카?

에스파뇰 소스는 어떻게 만듭니까?

はい、風味の ある ブラウン ソースを 母体に 作ります。

하이, 후우미노 아루 부라운 소-스오 보타이니 시마스.

네, 풍미를 지닌 브라운 소스를 모체로 만듭니다.

10. トマト ソースは どの ように 作りますか?

토마토 소-스와 도노요우니 쯔쿠리마스카?

토마토 소스는 어떻게 만듭니까?

はい、トマトを 煮込んで 作ります。

하이, 토마토오 니콘데 쯔쿠리마스.

네, 토마토를 조려서 만듭니다.

11. ホランダイズ ソースは どの ように 作(つく)りますか?
호란다이즈 소-스와 도노요우니 쯔쿠리마스카?
홀랜다이즈 소스는 어떻게 만듭니까?

はい、溶(と)けた バターに 卵黄(らんおう)を 入(い)れて 作(つく)ります。
하이, 토케타 바타-니 란오우오 이레테 쯔쿠리마스.
네, 녹인 버터에 달걀노른자를 넣어서 만듭니다.

第29課
だい　か

ちゅうごくりょうり　　　　　べんきょう
中国料理を 勉強
しましょう。

쥬우코쿠 료우리오 벤쿄우시마쇼우.

중국요리를 공부합시다.

第29課

中国料理を 勉強しましょう。
쥬우코쿠 료우리오 벤쿄우시마쇼우.

중국요리를 공부합시다.

---

1. **中国料理の 特徴は 何ですか?**
쥬우코쿠 료우리노 토쿠죠우와 난데스카?

중국요리의 특징은 무엇입니까?

はい、調理 器具は 簡単で、油で 揚げたり、調理したり、炒めたり、煮詰める 物が 多いです。
하이, 죠오리 키구와 칸탄데, 아부라데 아게타리, 죠우리시타리, 이타메타리, 니쯔메루 모노가 오오이데스.

네, 조리기구는 간단하며 기름에 튀기거나 조리거나 볶거나 지진 것이 많습니다.

中国料理の 材料は 何が ありますか?
쥬우고쿠료우리노 자이료우와 나니가 아리마스카?

중국요리의 재료는 무엇이 있습니까?

はい、肉類、魚介類、野菜、香辛料が あります。
하이, 니쿠루이, 교카이루이, 야사이, 코우신료우가 아리마스.

네, 육류, 어패류, 채소, 향신료가 있습니다.

中国料理の 材料
쥬우코쿠료우리노 자이료우

중국요리의 재료

肉類 니쿠루리	魚介類 쿄카이루이	野菜 야사이	香辛料 코우신료우
육류	어패류	야채	향신료

肉類には 何が ありますか?
니쿠루이니와 나니가 아리마스카?

육류에는 무엇이 있습니까?

はい、鶏肉、鴨肉、豚肉、牛肉が あります。
하이, 도리니쿠, 카모니쿠, 부타니쿠, 규우니쿠가 아리마스.

네, 닭고기, 오리고기, 돼지고기, 소고기가 있습니다.

魚介類は 何が ありますか?
교카이루이와 나니가 아리마스카?

어패류는 무엇이 있습니까?

はい、海老、サメの ひれ、ツバメの 巣、ナマコ、乾かした アワビ などが あります。
하이, 에비, 사메노 히레, 쯔바메노 스, 나마코, 카와카시타 아와비 나도가 아리마스.

네, 새우, 상어지느러미, 제비집, 해삼, 말린 전복 등이 있습니다.

野菜類は 何が ありますか?
야사이루이와 나니가 아리마스카?

채소류는 무엇이 있습니까?

はい、あおな、キュウリ、ナス、豆の 皮などが あります。

하이, 아오나, 큐우리, 나스, 마메노 카와 나도가 아리마스.

네, 청경채, 오이, 가지, 껍질 콩 등이 있습니다.

中国料理の 香辛料は 何が ありますか?

쥬우고쿠 료우리노 코우신료우와 나니가 아리마스카?

중국요리의 향신료는 무엇이 있습니까?

はい、にんにく、ねぎ、しょうが、さんそう、丁香、桂皮、みかんの 皮、杏
の 実などが あります。

하이, 닌니쿠, 네기, 쇼우가, 산소우, 죠우코우, 케이히, 우이쿄우, 미칸노 카와, 안스노미 나도가
아리마스.

네, 마늘, 파, 생강, 산초, 정향, 계피, 귤껍질, 살구씨가 있습니다.

中国料理の 香辛料

쥬우고쿠 료우리노 코우신료우

중국요리의 향신료

大蒜	葱	生姜	山椒
닌니쿠	네기	쇼우가	산쇼우
마늘	파	생강	산초
丁香	桂皮	みかんの 皮	杏の 実
죠우코우	케이히	미캉노 카와	안스노 미
정향	계피	귤 껍질	살구씨

調味料は 何が ありますか?

죠우미료우와 나니가 아리마스카?

조미료는 무엇이 있습니까?

はい、砂糖、みつ、塩、酢、醤油、みそ、酒、唐辛子油、ごま油、豚肉油、豆油、ピーナッツ油、採種油、バター、えび油、えびの塩辛、コチュジャン、チョングックチャン、純豆腐、豆腐醤油などが あります。

하이, 사토우, 미쯔, 시오, 스, 쇼우유, 미소, 사케, 토우카라시유, 고마아브라, 부타니쿠유, 피-낫츠유, 나타네유, 바타-, 에비유, 에비노 시오카라, 코추잔, 촌굿쿠찬, 쥰도우후, 토우후 쇼우유 나도가 아리마스.

네, 설탕, 꿀, 소금, 식초, 간장, 된장, 술, 고추, 고추기름, 참기름, 돼지기름, 콩기름, 땅콩기름, 채종유, 버터, 새우 기름, 새우젓, 고추장, 청국장, 순두부, 두부장, 굴기름 등이 있습니다.

調味料
조우미료우

조미료

砂糖 사토우	蜂蜜 미쯔	塩 시오	酢 스	醤油 쇼우유
설탕	꿀	소금	식초	간장
味噌 미소	酒 사케	唐辛子油 톤카라시유	ごま油 고마아브라	豆油 마메아브라
된장	술	고추기름	참기름	두부기름
ピーナッツ油 피-낫쯔유	採種油 나타네유	バター 바타-	えび油 에비유	えびの塩辛 에비노 시오카라
땅콩기름	유채기름	버터	새우 기름	새우젓
コチュジャン 코추장	チョングックチャン 촌굿쿠장	純豆腐 쥰도우후	豆腐醤油 토우후쇼우유	
고추장	청국장	순두부	두부 간장	

2. <ruby>中国<rt>ちゅうごく</rt></ruby><ruby>料理<rt>りょうり</rt></ruby>の <ruby>方法<rt>ほうほう</rt></ruby>は <ruby>何<rt>なに</rt></ruby>が ありますか?

쥬우고쿠료우리노 호우호우와 나니가 아리마스카?

중국요리의 방법은 무엇이 있습니까?

はい、チャオ、チエン、パオ、ザオが あります。

하이, 차오, 치엔, 파오, 사오, 짜오가 아리마스.

네, 재료를 소량의 기름에 재빨리 섞으면서 볶는 것(차오), 약간의 기름에 지져 내는 법(치엔), 불에 직접 굽는 법(카오), 간단한 조리법으로 재료를 시루나 찜통에 찌는 법(짜), 냄비 속에 여러 재료를 넣고 여러 가지 조미료와 수분을 넣은 다음 약한 불로 천천히 연하게 요리하는 것(싸오)가 있습니다.

<ruby>中国<rt>ちゅうごく</rt></ruby><ruby>料理<rt>りょうり</rt></ruby>の チャオ、チエン、パオ、ザオは どの ように <ruby>作<rt>つく</rt></ruby>りますか?

쥬우고쿠료우리노 쨔오, 찌엔, 파오, 짜오와 도노요우니 쭈쿠리마스카?

중국요리의 차오, 치엔, 카오, 싸오는 어떻게 만듭니까?

はい、"チャオ"は <ruby>中間<rt>ちゅうかん</rt></ruby> <ruby>火<rt>ひ</rt></ruby>に <ruby>油<rt>あぶら</rt></ruby>を <ruby>入<rt>い</rt></ruby>れて <ruby>炒<rt>いた</rt></ruby>める ことです。

하이, 쟈오와 쥬우칸 히니 아부라오 이레테 이타메루 코토데스.

네, '차오'는 중간 불에 기름을 넣고 볶는 것입니다.

"サオ"は ファンに <ruby>若干<rt>じゃっかん</rt></ruby>の <ruby>油<rt>あぶら</rt></ruby>を <ruby>入<rt>い</rt></ruby>れて <ruby>煮詰<rt>につめ</rt></ruby>る ことです。

쟈오와 환니 쟛칸노 아부라오 이레테 니쯔메루 코토데스.

'치엔'은 팬에 약간의 기름을 넣고 지져내는 것입니다.

"パオ"は <ruby>強<rt>つよ</rt></ruby>い <ruby>火<rt>ひ</rt></ruby>で <ruby>油<rt>あぶら</rt></ruby>を <ruby>熱<rt>ねっ</rt></ruby>し、<ruby>短時間<rt>たんじかん</rt></ruby>で <ruby>炒<rt>いた</rt></ruby>める ことです。

파오와 쯔요이 히데 아부라오 네쯔시, 탄지칸데 이타메루 코토데스.

'카오'는 강한 불에 기름을 달구어 단시간에 볶아내는 것입니다.

"チエン"は <ruby>強<rt>つよ</rt></ruby>い <ruby>火<rt>ひ</rt></ruby>で <ruby>油<rt>あぶら</rt></ruby>を <ruby>沸<rt>わ</rt></ruby>かす ことです。

찌엔와 쯔요이 히데 아부라오 와카스 코토데스.

'짜'는 강한 불에 기름을 끓여 튀겨내는 것입니다.

"ザオ"は 中間 火で 油を 炒めた 後、また 水を 少し 入れて 煮詰のです。

짜오와 쥬우칸 히데 아부라오 이타메타 아토, 마타 미즈오 스코시 이레테 니쯔메루노데스.

'싸오'는 중간 불에 기름을 볶은 후 다시 물을 약간 넣어 삶는 것입니다.

中国料理の 調理器具は 何が ありますか?

쥬우고쿠료우리노 죠우리키구와 나니가 아리마스카?

중국요리의 조리기구는 무엇이 있습니까?

はい、鍋、網の 調理、蒸し鍋、包丁、杓子、中食ワークなどが あります。

하이, 나베, 아미노 죠우리, 무시나베, 호우쵸우, 샤쿠시, 쥬우쇼쿠와―쿠나도가 아리마스.

네, 냄비, 그물 조리, 찜통, 식칼, 국자, 중식웍 등이 있습니다.

中国料理の 地域の 特徴は 何ですか?

쥬우고쿠 료우리노 찌이키노 토쿠쵸우와 난데스카?

중국요리의 지역의 특징은 무엇입니까?

"東の 料理は 辛く、西は すっぱい、南は 甘く、北は 塩辛い"という 特徴が あります。

히가시노 료우리와 카라쿠, 니시와 슷빠이, 나미와 아마쿠, 키타와 시오카라이토 이우 토쿠쵸우가 아리마스.

'동쪽 음식은 맵고, 서쪽은 시고, 남쪽은 달고, 북쪽은 짜다'는 특징이 있습니다.

中国料理の 地域に よる 分類は どう なりますか?

쥬우고쿠료우리노 찌이키니 요루 분루이와 도우 나리마스카?

중국요리의 지역에 따른 분류는 어떻게 됩니까?

はい、四川料理、上海料理、広東料理、北京料理です。

하이, 스챤료우리 산하이료우리 칸톤료우리, 페킨요우리 데스.

네, 사천요리, 상해요리, 광동요리, 북경요리입니다.

四川料理の 特徴は 何ですか?

스챤 료우리노 토쿠죠우와 난데스카?

사천요리 특징은 무엇입니까?

はい、唐辛子、胡椒、生姜、大蒜 などの 香辛料を 多く 使用して 辛いです。

하이, 토우카라시, 코쇼우, 쇼우가, 닌니쿠나도노 코우신료우오 오오쿠 시요우시테 카라이데스.

네, 고추, 후추, 생강, 마늘과 같은 향신료를 많이 사용하여 맵습니다.

上海料理の 特徴は 何ですか?

샹하이료우리노 토쿠죠우와 난데스카?

상해요리의 특징은 무엇입니까?

はい、穀類と 野菜が 豊富で、醤油や 砂糖を 使った 甘くて コクが あります。

하이, 코쿠루이토 야사이가 호우후데, 쇼우유야 사토우오 쯔캇타 아마쿠테 코쿠가 아리마스.

네, 곡류와 채소가 풍부하며 간장, 설탕을 이용해 달고 진한 맛을 냅니다.

広東料理の 特徴は 何ですか?

칸톤료우리노 토쿠죠우와 난데스카?

광동요리의 특징은 무엇입니까?

はい、材料が 豊富で、柔らかく、淡泊です。

하이 자이료우가 호오후데 야와라카쿠 탄파쿠데스.

네, 재료가 풍부하고 부드럽고 담백합니다.

北京料理の 有名な 食べ物は 何が ありますか?

페킨료우리노 유우메이나 다베모노와 나니가 아리마스카?

북경요리의 유명한 음식은 무엇이 있습니까?

はい、麺と 餃子、鴨焼きが あります。

하이, 멘토 교우자, 카모야키가 아리마스.

네, 면과 만두, 오리구이가 있습니다.

참고문헌

기초조리일본어, 신길만, 백산출판사, 2016

뷰티아트 일본어 회화, 신길만 · 박해련 · 신솔, 백산출판사, 2019

주장경영실무, 원갑현 외 4인, 대왕사, 2002

일본어 회화, 신길만 · 신솔, 백산출판사, 2019

일식의 명인 안효주의 특별한 요리, 안효주, 여백미디어, 2008

제과제빵 일본어, 신길만 · 신솔, 신광출판사, 2014

제과제빵 일본어 회화, 신길만, 도서출판 효일, 2018

조리실무 일어, 최영희 · 이선정, 훈민사, 2006

조리용어, 백승희 · 운선영, 도서출판 효일, 2013

東京の調理師学校 · 調理師専門学校 | 日本調理アカデミーで調理師免許取得

日本料理の特徴 | ケイコとマナブ.net

日本料理(にほんりょうり)とは - コトバンク

gigaplus.makeshop.jp

kondate.oisiiryouri.com

www.eatsmart.jp

저/ 자/ 소/ 개

■ 신길만

신길만은 현재 김포대학교 호텔조리과 교수로 재직 중이다. 경기대학교 대학원 경영학 석사, 조선대학교 일반대학원에서 이학 박사 학위를 취득하였다.

초당대학교, 전남도립대학교, 순천대학교, 미국의 캔자스주립대학 연구교수를 역임하였다. 일본에서 다년간 유학하였고 일본 동경제과학교에서 교직원으로 학생들을 가르치기도 하였다. 이러한 오랜 일본 생활에서 습득한 여러 가지 일본 문화와 일본어 회화를 조리, 제과제빵 관련 실무를 중심으로 일본으로 유학이나 취업을 지망하는 학생에게 가르치고 있다. 『기초조 리일본어』, 『제과제빵일본어』 등 50여 권의 저서를 집필하였다.

현재는 한국조리학회 부회장, 글로벌인재양성센터 센터장, 김포시어린이급식관리지원 센터장 등으로 사회활동을 하고 있다.

■ 안효주

안효주는 경기대학교 경영대학원을 졸업하여 서비스경영학 박사학위를 취득하였다. 한림대 학교, 서울보건대학, 세종대학교 평생교육원 등에서 강의를 하였다.

1978년 요리에 입문하여 40여 년 동안 일식 요리사로 일했다. 1985년 ㈜호텔신라에 입사, 일식 주방장을 거쳐 일식당 총조리장의 자리에 올랐고 1998년에는 일식조리기능장 취득, 2019년 우수숙련기술인으로 선정되었다. 조리기능장 등 감독위원과 조리산업기사 실기시험 출제위원을 역임하였다. 일본호텔 오쿠라, 스시귀, 규베위스시, 후쿠쯔게, 기요다 북해도 스시젠에서 연수를 하였다.

베스트셀러 『미스터 초밥왕』에 실명 주인공으로 나와 화제를 모았으며 초밥 요리의 달인 으로서 다수의 TV 프로그램에 출연했다. 『이것이 일본요리다』, 『일식의 명인 안효주의 특별 한 요리』, 『안효주 손끝으로 세상과 소통하다』, 『한국의 셰프』, 『요리의 비밀』 번역 등의 저서가 있다.

현재는 초밥 전문 요리사로 초밥 전문점 '스시효' 총조리장 겸 대표를 맡아 운영하고 있다.

■ 신 솔

신솔은 일본 동경에서 출생하여 미국 캔자스주 맨해튼고등학교(Manhattan High School), 중국 상해 신중고등학교 등에서 수학하였다.

국립순천대학교 영어교육과, 조리교육과를 졸업하였으며 경희대학교 대학원에서 조리식품 외식경영학과를 졸업하여 경영학 석사를 취득하였으며 연구조교로 근무하였다.

현재는 KATO카페를 창업하여 경영하고 있다.

저자와의
합의하에
인지첩부
생략

외식조리경영 일본어 회화

2020년 1월 10일 초판 1쇄 인쇄
2020년 1월 15일 초판 1쇄 발행

저 자 신길만 · 안효주 · 신 솔
펴낸이 진욱상
펴낸곳 (주)백산출판사
교 정 박시내
본문디자인 오행복
표지디자인 오정은

등 록 2017년 5월 29일 제406-2017-000058호
주 소 경기도 파주시 회동길 370(백산빌딩 3층)
전 화 02-914-1621(代)
팩 스 031-955-9911
이메일 edit@ibaeksan.kr
홈페이지 www.ibaeksan.kr

ISBN 979-11-90323-48-2 13730
값 20,000원